巡视背景下
公职人员单位
从政环境治理研究

袁 峰 著

東方出版中心

图书在版编目（CIP）数据

巡视背景下公职人员单位从政环境治理研究 / 袁峰著. —上海：东方出版中心, 2021.7
ISBN 978-7-5473-1842-3

Ⅰ. ①巡… Ⅱ. ①袁… Ⅲ. ①国家机关工作人员－研究－中国 Ⅳ. ①D630.3

中国版本图书馆CIP数据核字（2021）第103713号

巡视背景下公职人员单位从政环境治理研究

著　　者　袁　峰
责任编辑　黄　驰　张爱民
装帧设计　钟　颖

出版发行　东方出版中心
地　　址　上海市仙霞路345号
邮政编码　200336
电　　话　021-62417400
印 刷 者　上海盛通时代印刷有限公司

开　　本　710mm × 1000mm　1/16
印　　张　11
字　　数　159千字
版　　次　2021年7月第1版
印　　次　2021年7月第1次印刷
定　　价　88.00元

前　言

《联合国反腐败公约》对公职人员下的定义是：为公共机构或公营企业履行公共职能或提供公共服务的人员。由于国家和地方的公职人员拥有不同于普通公民的特殊政治地位及公共职责，他们一旦对规范行为模式的背离，将严重阻碍各种国家机器的正常运转，妨碍国家治理的现代化，引起社会公众对国家制度的不信任。

任何腐败都是在特定的政治生态中产生的，公职人员所处的从政环境对于其保持廉洁或形成腐败产生了直接的影响，而政治生态问题正是由局部（地方或单位）发生并逐步蔓延开来的。中国的腐败现象及不正之风起源于一个个具体的单位，[①]单位应当成为预防政治生态污染的"第一道防线"。立足单位的公职人员从政环境治理，实质上是追溯政治生态问题的源头，关系到源头治理。对于宏观政治生态的治理，也具有解剖麻雀的典型意义。政治生态治理既需要宏观规划，也需要微观调控。单位在我国政治生活中占据重要地位，是公职人员从政的直接载体。从近年来各级巡视组对所辖单位巡视后公开发布的巡视反馈意见及各单位整改方案来看，当前一部分公职人员在特定单位从政环境中出现背离了规范行为模式的趋向。因此，在单位层面净化公职人员的从政环境应当成为我国政治生态治理的重要目标。

公职人员从政环境监测，是开展从政环境保护、污染防治、净化优化

① 本书所说的单位，是指社会主义全民所有制性质的机关、团体、企业或属于一个机关、团体、企业的各个部门。

的前提，是实施从政环境治理的基础。公职人员从政环境治理问题，不仅仅是公职人员从政环境的腐败防治、风险评估问题，而且包括以风清气正为导向的从政环境优化问题。随着人们对公职人员从政环境治理的日益重视，为满足更深层次的从政环境净化、优化的要求，我们需要对不同的从政环境开展单位层面的监测，对当前单位从政环境的演化趋势、特点及存在的问题建立一套行之有效的动态监测与控制体系，了解目前中国单位政治生态存在的领域、问题、风险以及治理的状况，并在此基础上，分析制约从政环境治理的主要因素，形成提高单位从政环境治理绩效的建议。

在党风廉政建设和反腐败斗争形势依然严峻复杂、重构政治生态的工作艰巨繁重的背景下，巡视作为落实全面从严治党要求、加强党内监督的战略性安排，具有全面监测公职人员单位从政环境和推动公职人员单位从政环境治理的双重功能。它通过自上而下的垂直式监督、问题导向的套餐式体检、立足单位的循环式净化，推动发现党内政治生活中的不严肃、不健康问题，形成纠正偏差的单位从政环境治理机制。

从巡视视角来研究公职人员从政环境治理问题，应当结合巡视工作的一般规律与当前特征。所谓巡视的一般规律，是指从特定的政治要求出发，通过自上而下的政治体检，针对特定公职人员单位的政治生态展开可持续性定期监测，依据监测结果而开展的整改活动可以在一定程度上对净化公职人员从政环境产生循序渐进的作用。所谓巡视的当前特征，是指随着党中央对管党治党工作的重视，对全面从严治党战略的不断推进，对巡视工作本身的要求也在不断提高，巡视工作呈现出阶段性特征。分析中共十九大前后中央巡视组巡视反馈意见的差异，就可以看到中共十九大后巡视工作的新特征。基于巡视的一般规律，巡视具有可持续性定期监测的特征，因此，可以观察某一家单位在中共十九大前巡视反馈意见中指出的问题是否在十九大后巡视反馈意见中再现，通过纵向比较来判断该单位政治生态治理的变化；基于巡视工作所具有的当前特征，中共十九大后党中央形成了对巡视工作的总体要求，观察中共十九大后同一性质的不同单位巡视反馈意见中所反映出的问题是否具有相似性，通过横向比较中来判断该单位政治生态治理的实际状况。结合巡视的一般规律与当前特征，可以通过观察某一家单位在十九大前后单位从政环境治理能力与单位从政环境问题之间的关系是否具有因果关联，判断单位从政环境治理能力强弱对净化政治生态的影响。

基于中国单位形态的多样性，本项研究选择在中国最常见、最典型的三类公职人员单位，即机关类单位、事业类单位、国企类单位作为研究类型单位。基于巡视的对象要求，本项研究选择了中共K市委在中共十九大前后巡视过的部分市级党政机关、市管事业单位、市属国有企业作为研究对象单位。选择这些单位作为研究对象单位，除了因为这些单位在履行职能上所具有的重要地位，还因为这些单位在中共十九大前后已经至少完成了两轮巡视，且巡视反馈意见及巡视整改报告在纪检监察部门官方网站上可以查阅到，这为本项研究的开展奠定了重要基础。基于拓展研究视野的需要，本项研究将十九大前后已经接受过巡视的一组中央国家机关单位、教育部直属事业单位、中央企业单位作为研究参照单位。这些单位，不仅与研究对象单位属于同一性质的单位，而且巡视组给予这些单位的巡视反馈意见及单位巡视整改报告在纪检监察部门官方网站或部委网页上同样可以查阅到。

本书第一章，从中国单位的政党特色、公职人员的党员身份出发，分析单位政治系统的结构与功能特征，指出造成单位政治生态退化的原因，即单位政治系统受到了来自内部及外部的各种干扰，使得单位政治系统的结构与功能出现了偏离正常规范的变化，导致无序而紊乱。而单位的组织与制度是影响公职人员从政行为的两大因素，在两大因素基础上形成的单位组织环境与单位制度环境共同构成了公职人员单位从政环境。第二章，在坚持现代公共部门及公职人员治理理论与无产阶级政党管党治党的历史、思想及实践相结合的基础上，从政治生态监测理论出发，提出要分别对单位从政环境的问题状况、风险状况、治理状况进行监测；从内部控制理论出发，提出单位从政环境治理中的关键性环节；从积极治理理论出发，提出净化、优化单位从政环境治理的机制。第三章，一方面阐述了巡视对单位从政环境具有监测与治理的两大功能，指出巡视不仅具有政治生态监测的独特个性及其特定内容，而且具有促进巡视整改及一体化推进不敢腐、不能腐、不想腐的治理功能；另一方面提出在巡视背景下研究单位从政环境治理能力的三个路径，即再现性分析、相似性分析、因果性分析。第四章，以 K 市机关类单位从政环境治理为研究对象，以个案研究对十九大前后 K 市机关类单位从政环境问题进行再现性分析、对 K 市机关类单位从政环境状况与中央国家机关单位从政环境状况进行相似性分析、对 K 市机关类单位从政环境治理能力与从政环境状况之间的关系进行因果性分析。第五章，以 K 市事业类单位从政环境治理为研究对象，以个案研究对十九大前后 K 市事业类单位从政环境问题进行再现性分析，对十九大后 K 市事业类单位从政环境状况与教育部直属事业单位从政环境状况进行相似度分析，对 K 市事业类单位从政环境治理能力与从政环境状况之间的关系进行因果性分析。第六章，以 K 市国企类单位从政环境治理为研究对象，以个案研究对十九大前后 K 市国企类单位从政环境问题进行再现性分析，对十九大后 K 市国企类单位从政环境状况与央企单位从政环境状况进行相似性分析，对 K 市国企单位从政环境治理能力与从政环境状况之间的关系进行因果性分析。第四、五、六章的个案研究试图说明，中国单位党组织的领导能力、党建水平、管党治党状况与单位从政环境治理能力的相关性；加强党的领导、提升党建水平、健全管党治党能力与净化、优化公职人员从政环境的相关性。第七章指出政治生态重建（重构），不是单纯的政治生态恢复过程或单纯的政治生态修复过程，一定是外部力量的有效干预与内部系统的主动作为有机结合的结果。因此，既需要研究制约巡视机构积极作为的表现、原因及对策，也需要研究制约单位党组织主动整改的表现、原因及对策。

目　录

表目录

第一章
中国单位政治系统分析

根据《现代汉语词典》第 7 版对“所有制”、“社会主义所有制”、“国家所有制”、“全民所有制”及“单位”概念的解释，[①]生产资料归全体人民所有的制度，是社会主义所有制的基本形式。在我国，国家所有制即社会主义全民所有制。中国的社会主义全民所有制性质的单位是具有政治特性的，其中突出体现在这类单位具有的政党特色以及单位中公职人员的党员身份。这决定了这类单位有特殊的结构与功能，也决定了公职人员从政行为的单位组织环境与单位制度环境的特点。

一、单位的政党特色

本书中所说的“单位”，是指社会主义全民所有制性质的机关、团体、企业或属于一个机关、团体、企业等的各个部门。改革开放以来，随着各种不同所有制性质的组织形式兴起及大量涌现，单位这类组织的数量、规模在整个中国社会中的比重呈现下降趋势，但是在中国社会中，单位作为权力中枢、资源中枢、关系中枢的地位并没有发生根本性的变化，它们在一定程度上行使着政治权力、掌握着经济命脉、影响着社会事务、主导着

---

① 参见中国社会科学院语言研究所词典编辑室编：《现代汉语词典》第 7 版，商务印书馆 2016 年版，第 1257、1155、498、1083、254 页。

意识形态。

在“党是领导一切的”与“支部建在连上”的政治要求下，层次不一、职责不同的单位构成了中国共产党在中国长期执政、全面领导国家各类事务的网络结构。中国单位的政党特征左右了这些单位的价值取向与行为取向。改革开放四十多年来，中国单位这方面的特征，并没有因为所有制结构的调整与经济体制的转型而发生变化。在中国的单位中，一般都会有党的组织存在，单位的党组织都要贯彻党的意志与主张，履行与此相关的各项政治功能。中国的单位是中国共产党领导与执政的组织化手段，作为一种社会存在方式，是中国社会结构的核心部分，这是单位在今天中国仍然具有生命力的重要原因。忽视其特质的社会存在，就不能深入理解中国单位的意义与价值。在中国，要坚持中国共产党的领导，党的组织就不能够、也不应该从单位的架构中退出，或者被弱化、被边缘化，而要成为单位的重要有机组成部分。随着所有制结构与经济体制的变化，今天的中国，已经不能简单地认为是一个单位社会或单位国家，但是，党的领导作为一种客观存在，始终内嵌在单位的结构之中。

《中国共产党章程》第三十条规定，企业、农村、机关、学校、科研院所、街道社区、社会组织、人民解放军连队和其他基层单位的党的基层组织是党在社会基层组织中的战斗堡垒，是党的全部工作和战斗力的基础。[①]根据第三十二条规定，它的基本任务是：（一）执行任务。宣传和执行党的路线、方针、政策，宣传和执行党中央、上级组织和本组织的决议，充分发挥党员的先锋模范作用，积极创先争优，团结、组织党内外的干部和群众，努力完成本单位所担负的任务。（二）组织学习。组织党员认真学习马克思列宁主义、毛泽东思想、邓小平理论、“三个代表”重要思想、科学发展观、习近平新时代中国特色社会主义思想，推进“两学一做”学习教育常态化制度化，学习党的路线、方针、政策和决议，学习党的基本知识，学习科学、文化、法律和业务知识。（三）党员管理。对党员进行教育、管理、监督和服务，提高党员素质，坚定理想信念，增强党性，严格党的组织生

① 参见中共中央办公厅法规局编：《中国共产党党内法规选编（2012—2017）》，法律出版社2019年版，第15页。

活，开展批评和自我批评，维护和执行党的纪律，监督党员切实履行义务，保障党员的权利不受侵犯。加强和改进流动党员管理。（四）群众工作。密切联系群众，经常了解群众对党员、党的工作的批评和意见，维护群众的正当权利和利益，做好群众的思想政治工作。（五）人才工作。充分发挥党员和群众的积极性创造性，发现、培养和推荐他们中间的优秀人才，鼓励和支持他们在改革开放和社会主义现代化建设中贡献自己的聪明才智。（六）发展党员。对要求入党的积极分子进行教育和培养，做好经常性的发展党员工作，重视在生产、工作第一线和青年中发展党员。（七）权力监督。监督党员干部和其他任何工作人员严格遵守国家法律法规，严格遵守国家的财政经济法规和人事制度，不得侵占国家、集体和群众的利益。（八）开展斗争。教育党员和群众自觉抵制不良倾向，坚决同各种违纪违法行为作斗争。

党支部是党的基础组织，是党组织开展工作的基本单元。为了实现党的全面领导，在组织构建上，要结合实际创新党支部设置形式，使党的组织和党的工作全覆盖；在工作原则上，党支部要坚持把党的政治建设摆在首位，牢固树立“四个意识”，坚定“四个自信”，做到“四个服从”，旗帜鲜明讲政治，坚决维护以习近平总书记为首的党中央的核心领导地位，坚决维护党中央权威和集中统一领导；在工作任务上，党支部要宣传和贯彻落实党的理论和路线方针政策，宣传和执行党中央、上级党组织及本党支部的决议，讨论决定或者参与决定本地区本部门本单位重要事项，充分发挥党员的先锋模范作用，团结组织群众，努力完成本地区本部门本单位所担负的任务；在工作职责上，依据党支部行业、地区、部门的不同，分别提出要求。

中国共产党的各级组织必须对党忠诚，始终自觉坚持和维护党的领导，为党分忧、为党担责、竭尽全力完成党交给的职责和任务，并且通过全党的共同努力、长期奋斗，完成党的执政使命。习近平总书记指出：“对党忠诚必须是纯粹的、无条件的，是政治标准、更是实践标准，鲜明体现在坚决贯彻党中央决策部署上。”[①]各级党政机关、国有企事业单位中的党组

① 习近平：《论坚持党对一切工作的领导》，中央文献出版社 2019 年版，第 224—225 页。

织，必须对党忠诚，率领各自单位坚决贯彻党的指导思想与党中央及各级地方党委决策部署，完成自己的职责、使命。

二、公职人员的党员身份

公职人员与单位密切相关，是指依法承担公共职责、行使公共权力的国家立法机关、行政机关、监察机关、司法机关、中国共产党的各级机关、政协各级委员会机关、民主党派机关、工商业联合会机关、法律法规授权或者受国家机关依法委托管理公共事务的组织、基层群众性自治组织、国有企业、事业单位中从事管理或公务的工作人员。中国单位的组织架构及制度建构，是根据专业化分工建立的，也是在执政党的主流意识形态和价值观引领下建立起来的。单位中一些稳定的行为规范和取向，作为一种制度，会直接影响公职人员的单位角色和行为取向，规范单位内部公职人员之间的互动关系。公职人员应当通过在这种制度的结构中生活，自觉地把单位的行为规范和取向作为自己的行为规范和取向。虽然公职人员根据单位中的不同岗位具有不同的专业背景与特征，但是，都需要接受单位中特定意识形态的影响，承担相应的政治责任，完成上级下达的政治任务。在单位的制度框架中，明确了公职人员怎样的作为可以获得激励，怎样的不当行为应当受到处罚的规定，形成了对公职人员行为的制度性约束。相当一部分单位在录用公职人员或考虑聘任、提任领导干部时，会对是否具有中共党员身份提出明确要求。

在中国的单位中，大多数的公职人员是党员，大多数的领导干部是党员。就大多数公职人员来讲，既是单位的成员，又是单位党组织的成员。对于具有党员身份的公职人员，既要遵守公职人员的有关规定，也要遵守党规党纪方面的规范；对于越轨、失范的行为，既要接受政务处分，也要受到党纪追究。

党员是党的生活的主体，是党的工作的主体，是党的建设的主体，是党的事业的主体，同时，也是政党组织的基石和细胞。政党要使党员按照一定的规范和要求组织起来才能实现党的纲领和奋斗目标。中国共产党是一个有九千多万党员的大党，没有严密的政治纪律，就难以保证全体党员在思想上政治上行动上与党中央保持高度一致，就会成为一盘散沙，党的全面领导也就无从谈起。愈是规模庞大、群众基础广泛的政党，愈是要加强党纪的约束力，确保党员的素质。

权利是关于可以做什么的规定，义务是关于必须做什么的规定，两者分别具有导向与约束的作用。权利是可以放弃的，义务则是不可以放弃的。党章不仅对党员的权利进行了规定，而且明确党员必须履行义务。党员义务主要包括：（一）理论学习。党员必须认真学习马克思列宁主义、毛泽东思想、邓小平理论、"三个代表"重要思想、科学发展观、习近平新时代中国特色社会主义思想，学习党的路线、方针、政策和决议，学习党的基本知识，学习科学、文化、法律和业务知识，努力提高为人民服务的本领。（二）贯彻执行。党员要贯彻执行党的基本路线和各项方针、政策，带头参加改革开放和社会主义现代化建设，带动群众为经济发展和社会进步艰苦奋斗，在生产、工作、学习和社会生活中起先锋模范作用。（三）克己奉公。党员要坚持党和人民的利益高于一切，个人利益服从党和人民的利益，吃苦在前，享受在后，克己奉公，多做贡献。（四）遵纪守法。党员要自觉遵守党的纪律，首先是党的政治纪律和政治规矩，模范遵守国家的法律法规，严格保守党和国家的秘密，执行党的决定，服从组织分配，积极完成党的任务。（五）对党忠诚。党员要维护党的团结和统一，对党忠诚老实，言行一致，坚决反对一切派别组织和小集团活动，反对阳奉阴违的两面派行为和一切阴谋诡计。（六）自我革命。党员要切实开展批评和自我批评，勇于揭露和纠正违反党的原则的言行和工作中的缺点、错误，坚决同消极腐败现象作斗争。（七）联系群众。党员要密切联系群众，向群众宣传党的主张，遇事同群众商量，及时向党反映群众的意见和要求，维护群众的正当利益。（八）弘扬道德。党员要发扬社会主义新风尚，带头实践社会主义核心价值观和社会主义荣辱观，提倡共产主义道德，弘扬中华民族传统美德，为了保护国家和人民的利益，在一切困难和危险的时刻挺身而出，英勇斗争，不怕牺牲。①

党章对党员缺乏革命意志、不履行党员义务、不参加党的组织生活、不交纳党费、不做党分配的工作提出惩戒性措施。例如，党员缺乏革命意志，不履行党员义务，不符合党员条件，党的支部应当对该党员进行教育，要求其限期改正；经教育仍无转变的，应当劝其退党。党员如果没有正当理由，连续六个月不参加党的组织生活，或不交纳党费，或不做党所分配的工作，就被认为是自行脱党。

党章不仅对党员提出了要求，而且对党员中的领导干部提出了更高要求。党章规定，党的各级领导干部必须信念坚定、为民服务、勤政务实、敢于担当、清正廉洁，模范地履行党员的各项义务，并且必须具备以下的基本条件：（一）勇于实践、经受考验。具有履行职责所需要的马克思列宁主义、毛泽东思想、邓小平理论、“三个代表”重要思想、科学发展观的水平，带头贯彻落实习近平新时代中国特色社会主义思想，努力用马克思主义的立场、观点、方法分析和解决实际问题，坚持讲学习、讲政治、讲正气，经得起各种风浪的考验。（二）坚定理想、艰苦创业。具有共产主义远大理想和中国特色社会主义坚定信念，坚决执行党的基本路线和各项方针、政策，立志改革开放，献身现代化事业，在社会主义建设中艰苦创业，树立正确政绩观，做出经得起实践、人民、历史检验的实绩。（三）开拓创新、脚踏实地。坚持解放思想，实事求是，与时俱进，开拓创新，认真调查研究，能够把党的方针、政策同本地区、本部门的实际相结合，卓有成效地开展工作，讲实话，办实事，求实效。（四）担当责任、胜任工作。有强烈的革命事业心和政治责任感，有实践经验，有胜任领导工作的组织能力、文化水平和专业知识。（五）勤政为民、廉洁自律。正确行使人民赋予的权力，坚持原则，依法办事，清正廉洁，勤政为民，以身作则，艰苦朴素，密切联系群众，坚持党的群众路线，自觉地接受党和群众的批评和监督，加强道德修养，讲党性、重品行、作表率，做到自重、自省、自警、自励，反对形式主义、官僚主义、享乐主义和奢靡之风，反对任何滥用职权、谋求私利的行

---

①　参见中共中央办公厅法规局编：《中国共产党党内法规选编（2012—2017）》，法律出版社2019年版，第8—9页。

为。（六）坚持民主、善于团结。坚持和维护党的民主集中制，有民主作风，有全局观念，善于团结同志，包括团结同自己有不同意见的同志一道工作。①

中国共产党要求党员干部始终对党忠诚老实，决不允许在重大政治原则问题上、大是大非问题上同党中央唱反调、搞自由主义，始终在政治立场、政治方向、政治原则、政治道路上同党中央保持高度一致；决不允许背离党中央要求另搞一套，必须遵循组织程序，决不允许擅作主张、我行我素。2015 年中共中央印发的《推进领导干部能上能下若干规定（试行）》要求，对不严格遵守党的政治纪律和政治规矩，不坚决执行党的基本路线和各项方针政策，不能在思想上政治上行动上同党中央保持高度一致的；理想信念动摇，在重大原则问题上立场不坚定，关键时刻经不住考验的干部，经组织提醒、教育或者函询、诫勉没有改正，被认定为不适宜担任现职的，必须及时予以调整。

三、单位政治系统的结构与功能

1992 年初邓小平在"南方谈话"中告诫全党："中国要出问题，还是出在共产党内部。"②办好中国的事情关键在党，关键是党的内部要搞好。各级党员干部以及广大公职人员是中国共产党执政队伍的骨干力量，他们在各自的单位环境中行使人民赋予的权力。中国共产党需要各级单位党组织通过积极作为营造优良的从政环境、清明的政治生态，为党员干部以及公职人员正确行使权力提供氛围。习近平指出："从近来反对'四风'、查处腐败案件的实际情况看，解决党内存在的种种难题，必须营造一个良好从政环境，也就是要有一个好的政治生态。古人早就提出，管理国家，'必先正风俗。风俗既正，中人以下，皆自勉以为善；风俗一败，中人以

① 参见中共中央办公厅法规局编：《中国共产党党内法规选编（2012—2017）》，法律出版社 2019 年版，第 17—18 页。
② 《邓小平文选》第 3 卷，人民出版社 1993 年版，第 380 页。

上，皆自弃而为恶’。”[①]中国公职人员单位从政环境，实质上是一个具备特定结构与功能的政治系统。

（一）单位政治系统的结构特征

政治系统有某种特定的结构，每个政治系统都有其政治结构。中国单位政治系统在结构上最重要的普遍性特征是要形成有利于中国共产党长期执政、全面领导的组织架构。

党的全面领导，不仅是指领导各个领域、各类事务，而且也是指领导各级机关、团体及组织。就领域与事务而言，《中国共产党章程》明确规定，中国共产党领导人民发展社会主义市场经济；中国共产党领导人民发展社会主义民主政治；中国共产党领导人民发展社会主义先进文化；中国共产党领导人民构建社会主义和谐社会；中国共产党领导人民建设社会主义生态文明。[②] 中国共产党要总揽全局、协调各方，就要在各类机关、团体、组织中发挥领导核心作用。就机关、团体、组织而言，《中国共产党章程》第四十八条规定，在中央和地方国家机关、人民团体、经济组织、文化组织和其他非党组织的领导机关中，可以成立党组。党组发挥领导核心作用。党组的任务，主要是负责贯彻执行党的路线、方针、政策。[③]《关于新形势下党内政治生活的若干准则》要求，全国人大、国务院、全国政协，中央纪律检查委员会，最高人民法院、最高人民检察院，中央和国家机关各部门，人民军队，各人民团体，各地方，各企事业单位、社会组织，其党组织都要不折不扣执行党中央决策部署。

“欲筑室者，先治其基。”党的基层组织是党执政大厦的地基，是党在社会基层组织中的战斗堡垒，是党的全部工作和战斗力的基础。中国共产党在新中国成立不久就十分重视党的基层组织建设。1951 年 3 月 28

---

① 习近平：《在十八届中央政治局第十六次集体学习时的讲话》（2014 年 6 月 30 日），参见中共中央纪律检查委员会、中共中央文献研究室编《习近平关于党风廉政建设和反腐败斗争论述摘编》，中央文献出版社、中国方正出版社 2015 年版，第 87 页。

② 参见中共中央办公厅法规局编：《中国共产党党内法规选编（2012—2017）》，法律出版社 2019 年版，第 4—5 页。

③ 参见中共中央办公厅法规局编：《中国共产党党内法规选编（2012—2017）》，法律出版社 2019 年版，第 21 页。

日—4 月 9 日中共中央召开第一次全国组织工作会议。刘少奇作报告和总结，会议通过《关于整顿党的基层组织的决议》。此后至 1954 年春，整党工作才基本结束。习近平总书记指出："党的基层组织是党的肌体的'神经末梢'，要发挥好战斗堡垒作用。落地才能生根，根深才能叶茂。"[①]党支部是党的基础组织，是党组织开展工作的基本单元。2018 年 10 月 28 日起施行的《中国共产党支部工作条例（试行）》第一条指出，为了坚持和加强党的全面领导，弘扬"支部建在连上"光荣传统，落实党要管党、全面从严治党要求，全面提升党支部组织力，强化党支部政治功能，充分发挥党支部战斗堡垒作用，巩固党长期执政的组织基础，根据《中国共产党章程》和有关党内法规，制定本条例。这里突出强调了《中国共产党支部工作条例（试行）》制定的两个出发点，即"坚持和加强党的全面领导"、"巩固党长期执政的组织基础"。

当前，"党的领导落实到基层还有不少'中梗阻'。在一些国有企业，党的领导融入公司治理在总部一级做得比较好，再往下延伸则存在层层递减问题。在高校，党委领导下的校长负责制是明确的，但把党的领导贯穿办学治校、教书育人全过程则存在较大差距。……对这些问题，各级党委和组织部门要进行系统梳理，理顺体制，完善机制，把党的领导贯彻落实到位，把党的建设落到实处"。[②]《中国共产党党组工作条例》规定，党组是党在中央和地方国家机关、人民团体、经济组织、文化组织和其他非党组织的领导机关中设立的领导机构，在本单位发挥领导作用，是党对非党组织实施领导的重要组织形式。党组发挥把方向、管大局、保落实的领导作用，全面履行领导责任，加强对本单位业务工作和党的建设的领导，推动党的主张和重大决策转化为法律法规、政策政令和社会共识，确保党的理论和路线方针政策的贯彻落实。国有企业党组书记根据企业内部治理结构形式确定，建立董事会的一般由董事长担任，未建立董事会的一般由总经理担任。党组其他成员一般由进入董事会、监事会、经理层的党员领导人员和纪检监察组组长（派驻本企业的纪检监察组组长）根据工作需

---

① 习近平：《论坚持党对一切工作的领导》，中央文献出版社 2019 年版，第 260 页。
② 同上。

要担任。国有企业党组讨论和决定重大事项时，应当与《中华人民共和国公司法》、《中华人民共和国企业国有资产法》等法律法规相符合，并与公司章程相衔接。重大经营管理事项必须经党组研究讨论后，再由董事会或者经理层作出决定。

（二）单位政治系统的功能特征

为了维持政治系统的生存，不管政治系统的结构有什么差别，所有政治系统都要履行一定的功能。政治结构通常是多功能的，中国单位政治系统从特定要求出发履行着多种功能。

1. 单位党组织的领导功能

《中国共产党章程》第三十条规定，企业、农村、机关、学校、科研院所、街道社区、社会组织、人民解放军连队和其他基层单位，凡是有正式党员三人以上的，都应当成立党的基层组织。[①] 党的基层组织的首要任务是：宣传和执行党的路线、方针、政策，宣传和执行党中央、上级组织和本组织的决议。党中央制定的一系列重大战略、部署的一系列重大工作，基层党组织就要在贯彻落实中发挥领导作用。

党支部依据所在行业、地区、部门的不同，具有不同的领导功能。例如，社区党支部，全面领导隶属本社区的各类组织和各项工作，围绕巩固党在城市执政基础、增进群众福祉开展工作，领导基层社会治理，组织整合辖区资源，服务社区群众、维护和谐稳定、建设美好家园。国有企业和集体企业中的党支部，保证监督党和国家方针政策的贯彻执行，围绕企业生产经营开展工作，按规定参与企业重大问题的决策，服务改革发展、凝聚职工群众、建设企业文化，创造一流业绩。高校中的党支部，保证监督党的教育方针贯彻落实，巩固马克思主义在高校意识形态领域的指导地位，加强思想政治引领，筑牢学生理想信念根基，落实立德树人根本任务，保证教学科研管理各项任务的完成。

为了实现党的全面领导，党的基层组织，既有自上而下的贯彻、执行

---

① 参见中共中央办公厅法规局编：《中国共产党党内法规选编（2012—2017）》，法律出版社2019年版，第15页。

职能，也有对基层事务的领导职能。中国共产党把解决好吃饭问题作为治国安邦的头等大事，认为农业农村农民（简称“三农”）问题是关系国计民生的根本性问题，把解决好“三农”问题作为全党工作重中之重。党对农村工作的全面领导，就要确保党在农村工作中总揽全局、协调各方，保证农村改革发展沿着正确的方向前进。在农村基层工作中，中国共产党坚持党的农村基层组织领导地位不动摇。乡镇党的委员会（以下简称“乡镇党委”）和村党组织（村指行政村）是党在农村的基层组织，是党在农村全部工作和战斗力的基础，全面领导乡镇、村的各类组织和各项工作。农村基层党组织以提升组织力为重点，突出政治功能，努力成为宣传党的主张、贯彻党的决定、领导基层治理、团结动员群众、推动改革发展的坚强战斗堡垒。作为农村基层党组织，一方面，要贯彻党的全面领导的要求，认真执行党中央及上级党组织的决议和决定；另一方面，乡镇党委和村党组织要全面领导乡镇、村的各类组织和各项工作。按照《中国共产党农村基层组织工作条例》的有关规定，乡镇党委的第一项主要职责是：宣传和贯彻执行党的路线方针政策和党中央、上级党组织及本乡镇党员代表大会（党员大会）的决议。村党组织的第一项主要职责是：宣传和贯彻执行党的路线方针政策和党中央、上级党组织及本村党员大会（党员代表大会）的决议。同时，作为农村基层党组织，要履行党的全面领导的职责。乡镇党委的第二项主要职责是：讨论和决定本乡镇经济建设、政治建设、文化建设、社会建设、生态文明建设和党的建设以及乡村振兴中的重大问题。村党组织的第二项主要职责是：讨论和决定本村经济建设、政治建设、文化建设、社会建设、生态文明建设和党的建设以及乡村振兴中的重要问题并及时向乡镇党委报告。村党组织书记应当通过法定程序担任村民委员会主任和村级集体经济组织、合作经济组织负责人，推行村“两委”班子成员交叉任职。

2. 单位党组织的自身建设功能

中共十九大形成了党的建设总体布局的“六大建设”，即党的政治建设、思想建设、组织建设、作风建设、纪律建设、制度建设，“六大建设”共同纳入党的建设新的伟大工程之中。

政治建设是党的根本性建设。为了保障各级各类单位能够贯彻党的意志，必须在制度层面将党的全面领导的要求载入人大、政府、法院、检察院的组织法，载入政协、民主党派、工商联、人民团体、国有企业、高等学校、有关社会组织等的章程，健全党对这些组织实施领导的制度规定，确保其始终在党的领导下积极主动、独立负责、协调一致地开展工作。党支部要坚持把党的政治建设摆在首位，牢固树立“四个意识”，坚定“四个自信”，做到“四个服从”，旗帜鲜明讲政治，坚决维护以习近平总书记为首的党中央在全党的领导地位，坚决维护党中央权威和集中统一领导。按照《中国共产党问责条例》的规定，对于党组织、党的领导干部违反党章和其他党内法规，存在“四个意识”不强，“两个维护”不力，党的基本理论、基本路线、基本方略没有得到有效贯彻执行情形的；存在党的政治建设抓得不实，在重大原则问题上未能同党中央保持一致，贯彻落实党的路线方针政策和执行党中央重大决策部署不力，不遵守重大事项请示报告制度，有令不行、有禁不止，阳奉阴违、欺上瞒下情形的，都要进行问责。存在对党中央、上级党组织三令五申的指示要求，不执行或者执行不力情形的，要从重或者加重问责。《中共中央关于加强党的政治建设的意见》指出，要坚持民主集中制这一根本领导制度，善于运用民主的办法汇集意见、科学决策，善于通过协商的方式增进共识、凝聚力量，同时善于集中、敢于担责，防止议而不决、决而不行。健全与完善民主集中制，对于各级党组织的政策制定、政策执行会产生重要影响，既满足了政策制定对民主的要求，又满足了政策执行对集中的要求，能够为中国共产党的长期执政与全面领导提供重要的制度支撑。

思想建设是党的基础性建设。《中国共产党章程》规定，全党要用邓小平理论、“三个代表”重要思想、科学发展观、习近平新时代中国特色社会主义思想和党的基本路线统一思想，统一行动，并且毫不动摇地长期坚持下去。[①] 用马克思主义中国化的重大成果统一全党思想，产生凝心聚魂的作用，有助于促进全党的统一与团结。中国共产党的最高理想和最

① 参见中共中央办公厅法规局编《中国共产党党内法规选编（2012—2017）》，法律出版社 2019 年版，第 7 页。

终目标是实现共产主义。中国共产党有了共同的理想，也就有了铁的纪律，铁的纪律是靠共同的理想来支撑的。用共同的理想引导人们在思想上保持一致，用铁的纪律规范人们在行动上保持一致，中国共产党才可能成为一支有战斗力的队伍。中国共产党的全面领导，需要全党与全体人民的共同奋斗。实现伟大的理想，没有平坦的大道可走，必须要进行一系列的伟大斗争，人的团结是成就伟大事业很重要的因素，团结是战胜一切困难的强大力量。有共同的信念，才能把全党同志凝聚起来，才能共同克服困难和挫折，进行长期的艰苦奋斗。同时，马克思主义政党是人民群众的向导，要用理想信念去吸引和教育人民，让人民了解到坚定理想信念实质上是为人民自己的利益而奋斗，让人民了解到我们正在建设相比资本主义具有优越性的社会主义，才能团结和动员最广大的人民群众一起奋斗。邓小平曾经指出："我认为，最重要的是人的团结，要团结就要有共同的理想和坚定的信念。我们过去几十年艰苦奋斗，就是靠用坚定的信念把人民团结起来，为人民自己的利益而奋斗。"[①]《关于新形势下党内政治生活的若干准则规定》中要求，党的各级组织必须坚持不懈抓好理论武装，广大党员、干部特别是高级干部必须自觉抓好学习、增强党性修养。为了完善党内学习，各级党组织要定期开展集体学习；党员、干部每年要完成规定的学习任务；领导干部要定期参加党校学习；各级党组织要加强督促检查，把学习情况作为领导班子和领导干部考核的重要内容。通过理论学习，帮助党员、干部解决思想困惑，站稳政治立场，分清是非界限，统一思想认识，坚决抵制错误思想侵蚀。2019 年 5 月 6 日起施行的《中国共产党党员教育管理工作条例》要求，每个党员，不论职务高低，都必须按照党章要求和《中国共产党党员教育管理工作条例》规定，接受党组织的教育管理。《中国共产党党员教育管理工作条例》的制定和实施，对于提高党员队伍建设质量，夯实党长期执政基础，实现党伟大执政使命，具有十分重要的意义。1989 年 6 月 9 日邓小平指出："我对外国人讲，十年最大的失误是教育，这里我主要是讲思想政治教育，不单纯是对学校、青

① 《邓小平文选》第 3 卷，人民出版社 1993 年版，第 190 页。

年学生,是泛指对人民的教育。"[①]1989 年 9 月 16 日他又针对青年学生的思想政治教育指出,"我们最大的失误在教育,对年轻娃娃、青年学生教育不够。控制通货膨胀可以很快见效,而教育的失误补起来困难得多。……要说失误,我们确实有失误,许多思想工作没有做,好多话没有讲清楚。……我们要冷静反思,回顾过去,着眼未来,重视总结经验和教训,认真处理面临的问题。这样,就能使坏事变成好事,从事件中得到益处,绝大多数的人会清醒过来,学生思想也会清醒过来。"[②]2018 年 9 月习近平总书记在全国教育大会上强调,加强党对教育工作的全面领导是办好教育的根本保证。他指出:"从巡视情况看,教育系统党建工作力度和党组织功能发挥层层递减、越往下声音越小工作越薄弱的现象比较突出,导致党的教育政策和党中央关于教育工作的重大决策部署在相关地方、部门和领域得不到及时有效贯彻。地方各级党委和教育部门党组织要切实履行好管党治党的主体责任,加强各级各类学校党的领导和党的建设工作。"[③]

党的组织建设是党的根本性建设。党的力量来自组织,党的全面领导、党的全部工作要靠党的坚强组织体系去实现。干部队伍在党的组织建设中居于核心地位。党的长期执政、全面领导,不仅要依靠党的政治路线,而且要解决组织路线的问题,因为组织路线是保证政治路线贯彻落实的。中国共产党是要长期执政的。党的事业是千秋万代的事业,要从党和国家的根本利益出发来考虑组织路线问题。各级党组织必须选好人、用好人、管好人。基层组织建设是党的组织建设的基础性工作。党的基层组织是党全部工作和战斗力的基础,是党的全面领导贯彻到基层的重要载体,是党紧密联系群众的桥梁和纽带。习近平总书记指出:"加强基层党组织建设,要以提升组织力为重点,突出政治功能。"[④]"要加强企业、农村、机关、事业单位、社区等各领域党建工作,推动基层党组织全面进步、全面过硬。"[⑤]"要强化政治引领,发挥党的群众工作优势和党员先锋

---

① 《邓小平文选》第 3 卷,人民出版社 1993 年版,第 306 页。
② 《邓小平文选》第 3 卷,人民出版社 1993 年版,第 327 页。
③ 习近平:《论坚持党对一切工作的领导》,中央文献出版社 2019 年版,第 278 页。
④ 习近平:《论坚持党对一切工作的领导》,中央文献出版社 2019 年版,第 260 页。
⑤ 同上。

模范作用。”①

作风建设是党的建设的永恒主题。执政党的作风，关系党的形象，关系人心向背，关系党和国家的生死存亡。江泽民曾经指出：“抓党的作风建设，是一项经常、长期、艰巨的任务。对这一点，必须有足够的思想准备。”②开展党的群众路线教育实践活动，是解决作风问题的战略性举措。习近平指出：“这次活动就聚焦解决‘四风’问题，而且解决‘四风’问题没有休止符，一直是进行时，没有完成时。这是我们加强党的自身建设的规律，若干年搞一次全党性活动，就像一个肌体需要不断修复、康复、治疗、锻炼一样，一间房间需要经常打扫一样，党内政治生活和教育活动也需要经常性、长期性开展。”③党的作风建设，一条重要的治理经验是坚持抓常、抓细、抓长，这样才能使党的作风全面好起来。这就要求各级党组织及其主要负责人要把班子和干部队伍作风建设紧紧抓在手上，经常分析班子和干部队伍作风状况，经常分析本地区本部门干群关系状况，及时掌握苗头性、倾向性问题，采取有针对性的措施。

纪律建设是党的建设的重要保障。加强纪律建设是全面从严治党的治本之策，约束具有党员身份的中国公职人员行为的，除了国家法律，还有党内法规。我国大多数的公职人员是中共党员，绝大多数的县处级及以上领导干部是中共党员。如果单位党组织对于党员行为的管理处于“宽松软”状态，就不可能形成一支有战斗力的队伍。只有把纪律挺在前面，守住纪律底线，靠纪律全覆盖、全方位地管与治，从源头上阻断不正之风和腐败滋生的通道，才能维护好党内政治生态。一些党员干部之所以开始由作风问题最后陷入腐败泥坑，与一些党组织党纪意识淡薄，管党治党不力有关。他们对于单位中的违纪问题没有抓早抓小，没有严格执纪，甚至网开一面。进入中国特色社会主义新时代，加强党的纪律建设需要不断回应新的形势要求。2014 年 1 月 13 日第十八届中纪委第三次全体

---

① 习近平：《论坚持党对一切工作的领导》，中央文献出版社 2019 年版，第 261 页。

② 《江泽民文选》第 3 卷，人民出版社 2006 年版，第 323 页。

③ 习近平：《在河南省兰考县委常委扩大会议上的讲话》(2014 年 3 月 18 日)，参见中共中央纪律检查委员会、中共中央文献研究室编《习近平关于党风廉政建设和反腐败斗争论述摘编》，中央文献出版社、中国方正出版社 2015 年版，第 84 页。

会议通过的工作报告中强调，要深入落实中央八项规定精神，强化纪律建设。2015 年 1 月 12 日第十八届中纪委第五次全体会议通过的工作报告中强调，要从严治党、依规治党，加强党的纪律建设。2015 年、2018 年中国共产党两次修订《中国共产党纪律处分条例》，要求各级单位党组织必须与时俱进，不断适应新的党纪要求。

制度建设是党的建设的中心环节。它贯穿于上述党的建设的各个方面，是总结概括长期以来党的工作经验基础上形成的。党内法规制度体系是以党章为根本，以中央党内法规为主干，由各领域各层级党内法规制度组成的具有内在逻辑的有机统一整体。党的十八大以来，截至 2019 年 9 月，先后制定和修订了 180 多部中央党内法规。中国共产党在不断完善党内法规制度体系的同时，狠抓制度执行。党的十九大报告指出，“坚持全面从严治党，必须以党章为根本遵循，把党的政治建设摆在首位，思想建党和制度治党同向发力”。制度治党的关键，是抓制度的贯彻执行，注重运用制度法规来调解党内矛盾、解决党内问题、规范党员行为。习近平指出：“现有制度都没执行好，再搞新的制度，可以预言也会是白搭。所以，我说一分部署还要九分落实。制定制度很重要，更重要的是抓落实，九分气力要花在这上面。”①他强调要以党纪来维护党内法规的贯彻执行。他指出：“对违反民主集中制原则、拒不执行或擅自改变党组织作出的决定、个人或少数人决定重大事项的，对在党内搞非组织活动、破坏党的团结统一的，对不严格执行请示报告等组织制度的，对长期不参加党组织活动、不能履行党员义务的，必须及时批评教育；情节严重的，要给予组织处理或纪律处分。”②单位党组织要严抓制度执行，维护制度的严肃性和权威性，纠正有令不行、有禁不止的行为。

3. 单位党组织的管党治党功能

美国学者熊玠主编的《习近平时代》一书中指出：“如果在一个世界人

① 习近平：《在参加河南省兰考县委常委班子专题民主生活会时的讲话》(2014 年 5 月 9 日)，参见中共中央纪律检查委员会、中共中央文献研究室编《习近平关于党风廉政建设和反腐败斗争论述摘编》，中央文献出版社、中国方正出版社 2015 年版，第 129 页。

② 习近平：《严明党的组织纪律，增强组织纪律性》(2014 年 1 月 14 日)，《十八大以来重要文献选编》(上)，中央文献出版社 2014 年版，第 770—771 页。

口最多、封建专制传统最长、官僚主义积弊最深的东方大国里，实现政治清明、官员清廉、治理有效、民众欢迎的政治新常态，那将毫无疑问是对世界政治文明的一个重大贡献。”[①]若将新加坡与中国相比较：新加坡是一个一党长期执政的国家，多年来清廉指数一直处于亚洲第一名、世界前十名。为什么中国的清廉指数却落后于新加坡？第一，中国的反腐败形势比新加坡严峻复杂，在世界人口最多的国家里，中国公职人员及公务员的人数规模远非新加坡可比，惩戒及预防腐败的工作量巨大。第二，与新加坡的历史与国情不同，中国古代封建主义历史很长，封建主义残余仍在一些党组织内部不可程度地存在，而且，体制内还有官僚主义积弊。因此，中国的腐败现象具有历史特点。这些具有许多历史特点的因素会不断对中国政治生态产生污染作用，为滋生腐败提供基础。因此，重构政治生态是有中国特色的党风廉政建设与反腐败斗争的重要任务。在这些历史与现实条件下，中国共产党能够实现政治清明，将会为人类社会走向廉洁提供中国方案。

中国共产党在一个幅员辽阔、人口众多的发展中大国执政，如果不严明党的纪律，党的凝聚力和战斗力就会大大削弱，党的领导能力和执政能力就会受到严重影响。拥有一套完整、严密的党内法规是中国共产党的一大政治优势，是管党治党的基本依据和执行规则。从严治党，首先要从党内法规严起。中共十八大以后，在对腐败行为的惩处方面，除了国家法律的变化，党内法规也进行了调整。长期以来，党纪和国法在相当程度上界限模糊，过去党纪中近一半内容与刑法、治安管理处罚法等重复，实际上难以用到，也浪费了行政成本，甚至在极个别情况下还会出现以纪代法、越俎代庖的情况。2015 年中国共产党颁布了《中国共产党廉洁自律准则》与《中国共产党纪律处分条例》，对原来的《中国共产党党员领导干部廉洁从政若干准则》及《中国共产党纪律处分条例》进行了修订，这主要是因为原来这两部党内法规都存在一个最突出的问题，即原来的《中国共产党廉洁自律准则》和《中国共产党纪律处分条例》的许多规定都与法律

① ［美］熊玠主编：《从摸着石头过河到顶层设计——〈习近平时代〉绪论（三）》，《学习时报》2016 年 4 月 4 日。

条文重复，其中《中国共产党纪律处分条例》中70多条内容与刑法等法律法规重复，存在纪法不分的问题。这导致了以下一些问题：

因为纪法不分，把国家法律对普遍公民的要求用来约束党员，错把法律当底线，降低了党员标准，难以体现党纪对党员特别是党员领导干部的高标准、严要求。党是中国工人阶级的先锋队，同时，也是中国人民和中华民族的先锋队。如果把普通公民的行为底线作为党员干部的行为底线，全面从严治党便无从谈起，党的先进性更是无从体现。作为党员，首先必须遵守严于国家法律的党规党纪。党员身份意味着更多的纪律约束和责任担当。

因为纪法不分，长期以来，一些党组织把违纪"当小节"，党员干部只要不违法就没人管、不追究，造成"要么是好同志、要么是阶下囚"的状况，存在管党治党宽松软问题。不把严格的党规党纪落到实处、执行到位，从严管党治党就是一句空话；因为纪法不分，纪委又是执纪又是执法，纪委成了党内的"公检法"，纪律审查成了"司法调查"，监督执纪问责无法落到实处。

2015年颁布并于2016年1月1日施行的《中国共产党纪律处分条例》共删除70余条与刑法、治安管理处罚法等法律法规重复的内容，如有关贪污贿赂、失职渎职、破坏社会主义经济秩序行为等刑事色彩浓厚的规定，以纪严于法的思路重新设计党纪，为新时代全面从严治党提供制度基础。

从严治党，不仅要有制度基础，而且要有组织基础。习近平指出："夯实管党治党基础，特别要有一个覆盖全面、功能健全的基层党组织体系。"①区别于参与政治生态治理的其他主体，党组织在政治生态治理中居于枢纽地位。一些地方和单位党组织管党治党不严、政治生态持续恶化，一方面，是因为有的地方和单位表面看起来党在管党治党，但没有管到位上，没有严到份上，没有做到真管真严、敢管敢严、长管长严，而是管

---

① 习近平：《在主持召开陕甘宁革命老区脱贫致富座谈会上的讲话》，《人民日报》2015年2月17日。

一阵放一阵、严一阵松一阵；[①]另一方面，是因为政治生态稍不注意就容易被污染，一旦出了问题，党组织要想恢复就要付出很大的代价。为了突出党组织在全面从严治党方面的责任，2016 年 1 月 1 日施行的《中国共产党纪律处分条例》中“工作纪律”部分新增的“负面清单”中包括党组织不履行全面从严治党主体责任或者履行全面从严治党主体责任不力的违纪情形。后经修订，2018 年 10 月 1 日起施行的《中国共产党纪律处分条例》将这方面规定从工作纪律升格为政治纪律，对不履行全面从严治党主体责任、监督责任或者履行全面从严治党主体责任、监督责任不力的党组织的直接责任者和领导责任者要进行政治纪律的处分。

政治生态重构是针对政治生态退化而言的。当单位政治系统在党的领导、党的建设、全面从严治党方面出现功能减弱或丧失时，单位政治生态是退化的。造成单位政治生态退化的根本原因，是单位政治系统受到了来自内部及外部的各种干扰，使得单位政治系统的结构与功能出现了偏离正常规范的变化，导致无序而紊乱。各种干扰的强度和频度是影响单位政治系统退化程度的决定性因素。过大的干扰强度和频度，会使单位政治生态遭受到严重破坏，要恢复严重退化的政治生态是非常困难的，常常需要采取一系列有针对性的政治生态重构措施。

四、单位从政环境

一个单位的组织与制度，通常表现为一系列相对稳定的结构与行为规则，是在特定环境中人们采取某种行为并取得合法性的依据，具有抗拒迅速或剧烈变迁的特性。组织与制度又是相互依存，不可分离的，具有一体两面性。不存在脱离特定组织的制度形式，离开了组织，制度就脱离了生存的载体及发展变革的意义；不存在没有制度支撑的组织形式，离开了制度，组织就会失去行动的规制，成为无序的群体行为。正是因为公职人

① 习近平：《在党的群众路线教育实践活动总结大会上的讲话》，《人民日报》2014 年 10 月 9 日。

员单位中，组织与制度是具有相对稳定性及密切关联性的要素，对公职人员的从政行为产生了长期、稳定的影响，才构成公职人员单位从政环境的两个重要组成部分。我国公职人员的单位从政环境，可具体划分为单位组织环境和单位制度环境。这两方面对公职人员单位从政影响最大、支持能力最久、综合代表意义最强。

（一）单位组织环境

中国共产党能够“集中力量办大事”是要有广泛、严密的组织体系作为支撑的。党的组织以组织化的方式存在于中国的各级各类单位，作为一个又一个“战斗堡垒”，发挥着一定的执政功能，使中国共产党获得了广泛而强大的引领力、动员力、组织力。

根据2019年6月30日中共中央组织部发布的《2018年中国共产党党内统计公报》，截至2018年底，中国共产党共有9 000多万名共产党员，460多万个基层党组织，其中党委23万个，党总支29万个，党支部409万个。全国共有党的各级地方委员会3 208个。其中，省（区、市）委31个，市（州）委398个，县（市、区、旗）委2 779个。全国23万个机关单位已建立党组织，占机关单位总数的99.7%。51.5万个事业单位已建立党组织，占事业单位总数的95.2%。18.1万个公有制企业已建立党组织，占公有制企业总数的90.9%。全国8 561个城市街道、31 610个乡镇、102 555个社区（居委会）、545 189个行政村已建立党组织，覆盖率均超过99%。根据2020年6月30日中共中央组织部发布的《2019年中国共产党党内统计公报》，截至2019年12月31日，中国共产党党员总数为9 191.4万名，比上年净增132万名。中国共产党现有基层组织468.1万个，比上年净增7.1万个，增幅为1.5%。其中基层党委24.9万个，总支部30.5万个，支部412.7万个。全国共有党的各级地方委员会3 202个。其中，省（区、市）委31个，市（州）委397个，县（市、区、旗）委2 774个。全国8 636个城市街道、31 062个乡镇、105 257个社区（居委会）、533 824个行政村已建立党组织，覆盖率均超过99%。全国共有机关基层党组织72.3万个，事业单位基层党组织91.3万个，企业基层党组织147.7万个，社会组织基层党组织 14.2 万个，基本实现应建尽建。

由此可见，中国的单位的数量与党组织的是高度重合的。一定意义上，中国的单位是中国共产党执政的组织载体。这适应了中国共产党通过单位党组织实现执政功能，实现对国家和社会的有效治理，实现党的全面领导的目标。同时，也赋予单位鲜明的政党特色、执政特色，形成具有中国特色的单位执政模式。单位的合法性、规范性、有效性，一定程度上会影响到中国共产党执政的合法性、规范性、有效性。中国共产党自身的纯洁性、先进性以及执政能力与执政水平，要通过单位的自身行为及其行动结果来体现。西方国家在两党制或多党制背景下，要求公务员保持政治中立，超越党派政治；要求军队非党化、非政治化、国家化。这在中国，是不适宜这样实行的。中国单位中要求全体公职人员自觉与党中央保持高度一致，服从党组织的决定，积极完成党的使命与任务。为了实现党的全面领导，在中国，不同地方的单位、不同时期建立的单位、不同层次的单位、不同大小的单位、不同行业的单位、不同职能的单位，大都有党组织的存在。有的单位，还明确提出属于政治机关性质，要求实行党的绝对领导。

中国的单位，无论东西南北、领域层次、大小规模，都是中国共产党领导与执政的平台。中国共产党需要通过对单位党组织的领导，为党的意志的贯彻提供有力的组织及制度化保证。党组织是单位结构的重要组成部分，在单位中发挥着举足轻重的作用，对单位公职人员，尤其是公职人员中的党员履职尽责、规范从政进行领导与监督的作用。党在单位治理结构中的地位与作用、单位党组织领导的全面性、单位党组织自身建设的规范性、全面从严治党中单位党组织的履职情况，这些因素构成了影响了公职人员从政行为的组织环境。一些单位党组织，由于自身在领导能力、思想引领、决策议事程序、选人用人、监督程序、责任落实等方面存在缺陷，对于公职人员从政的不当、失范行为应当承担起应有的责任。

（二）单位制度环境

党和国家为中国的单位构建了一系列正式制度安排，向单位输入了制度性要求。一个组织中的成员对单位制度的主观感受，会直接影响到他们对组织的认同，影响他们在组织中的行为，影响到组织的向心力和凝聚力。单位公职人员接受一系列制度安排与行为规则的过程，是制度与规则内化的过程，是对隐藏于制度与规则背后的意识形态、价值观念学习、领会、掌握并运用的过程。从制度设计到取得合法性，从外在规范到成为公职人员的行为习惯乃至自觉行动，是制度逐步内嵌入单位的过程，是单位凝聚力量、合力创造社会效益的过程。单位及其公职人员是否存在违反国家法律、党内法规的行为，单位是否存在促进单位及公职人员不规范行为的体制性因素，是衡量中国公职人员单位制度环境是否净化、优化的重要标尺。

单位与其成员（公职人员）是两个独立的社会主体，具有各自独立的"人格"，既不能简单地将公职人员的所有失当行为都认为是单位过错，直接转嫁为单位过错，也不能将单位过错归咎于公职人员个人行为。当然，单位过错的形成是不能排斥单位成员的责任的。毕竟，单位的一切活动都是通过公职人员实施的，单位行为是不可能脱离其成员执行职务的行为的，没有了公职人员，单位就是一个物质外壳。然而，公职人员在单位的职务行为是在特定单位的组织环境与制度环境中展开的，公职人员的从政行为与单位的关联性是建立在人与单位环境的互动关系基础上的。公职人员的许多违纪行为、职务犯罪活动，与单位赋予的职权密切相关，与单位党组织的干部教育与管理的责任相关，与单位权力制约与监督的制度体系相关，不能因为单位内的个体或群体行为的难以预料性或公职人员行使权力存在一定的自由裁量空间，就认为公职人员的从政行为是单位难以有效控制与把握的。因此，分析公职人员在单位中的从政行为，必须从考察公职人员与单位组织环境、单位制度环境的互动关系入手。上级党组织通过对单位党组织的巡视所发现的一些重点人、重点事、重点问题也是在特定的单位制度环境及组织环境中发生的，同时，这些人、事及问题也需要通过不断净化单位制度环境及组织环境才能够得到解决。

第二章
公职人员从政环境治理理论及其运用

根据人民出版社开发的“中国共产党思想理论资源数据库”提供的检索信息，“从政环境”这一概念是在进入中国特色社会主义新时代后，由习近平在2014年6月30日《在十八届中央政治局第十六次集体学习时的讲话》中首次提出的。他认为，解决党内存在的种种难题，必须营造一个良好从政环境，也就是要有一个好的政治生态。

公职人员从政环境治理研究，是国际领域的公共治理话题，需要参考现代公共部门及公职人员治理理论，同时，更要结合本国的历史、思想及实践。在中国场域下，围绕这一主题的研究，应当坚持现代治理理论与本国特殊的历史、思想及实践的结合，这样才能既契合本国实际，又能推动国家治理体系与治理能力的现代化，才能对中国公职人员从政环境治理研究产生启发性的思路。

一、无产阶级政党管党治党的思想与实践

虽然马克思主义经典作家以及毛泽东、邓小平等已故中国共产党领导人撰写的重要文献中未曾使用过“从政环境”这一概念，但他们关于无产阶级政党建设，尤其是无产阶级政党管党治党的思想与实践给予我们研究当前的从政环境治理很多启发。

（一）把握党内政治生态状况

及时了解与把握党内政治生态状况，是治理、净化党内政治生态的前提。无产阶级政党在长期的革命、建设、改革过程中，以特定的立场与态度，运用独特的方式与方法，观察党内问题，把握党内动态，为无产阶级政党管党治党奠定了重要基础。

1. 党内外监督

为了切实地反对和祛除营私舞弊行为，加强对党员的党内外的监督工作，1920 年 9 月，列宁认为有必要由党的代表大会选出同中央委员会平行的监察委员会，这个机构由受党的培养最多、最有经验、最大公无私并最能严格执行党的监督的同志组成，有权接受一切申诉和审理一切申诉。同时，他提出，吸收党外群众来参加工作，依靠广大党外群众来检查和监督党员的工作。要帮助建立同党外群众的联系，帮助党外群众来检查党员的工作。在蒋介石发动"四一二"反革命政变的白色恐怖镇压下，脱党、自首甚至叛党投敌现象屡见不鲜，在这种形势下，党的五大选举产生了党的历史上第一个中央纪律检查监督机构——中央监察委员会，这在党的建设史上有着重要意义。中共五大选出的 10 名监察委员中先后有 7 人牺牲在刑场或战场上，无一人叛党投敌。1957 年邓小平在谈到"党要受监督、党员要受监督"问题时指出："在中国来说，谁有资格犯大错误？就是中国共产党，犯了错误影响也最大。"[①]因为我们党是执政的党。党要领导得好，就要克服主观主义、官僚主义、宗派主义。存在主观主义、官僚主义、宗派主义，中国共产党就不可能用正确的方法正确的思想去领导。"如果共产党用宗派主义、主观主义、官僚主义的态度领导人家，再说共产党能领导也领导不起来。"[②]只有扩大党和国家的民主生活，接受人民群众的监督、接受民主党派和无党派民主人士的监督，才能听取意见、克服片面性；关起门来办事，凭老资格，自以为是，使自己闭塞起来，这样非犯错误不可。中国共产党接受的监督主要来自三个方面：一是党对党

---

① 《邓小平文选》第 1 卷，人民出版社 1994 年版，第 270 页。
② 《邓小平文选》第 1 卷，人民出版社 1994 年版，第 274 页。

员的监督。这是一种最直接的监督。党对党员的监督应当严格一些，主要体现在对党员的生活要严一些。二是群众的监督。要扩大群众对党的监督，对党员的监督。三是民主党派和无党派民主人士的监督。要扩大民主党派和无党派民主人士对党的监督、对党员的监督。有了这几方面的监督，中国共产党就会谨慎一些，消息就会灵通一些，看问题时的片面性就会少一些。有监督比没有监督好，一部分人出主意不如大家出主意。从不同角度看问题，反映的问题会更多，制定的方针政策会比较恰当，处理问题会更全面，即使发生了问题也比较容易纠正。“共产党的领导够不够格，决定于我们党的思想和作风。”①

2. 请示报告

1948年，为了顺利推进土地改革工作，克服工作中的无纪律状态或无政府状态，纠正在工作中或擅自更改中央或上级党委政策、策略，或执行自以为是的极端有害的政策、策略，或以工作繁忙为借口事前不请示事后不报告的状况，毛泽东要求中央、中央局（分局）、区党委（省委）、地委、县委、区委直到支部要加强通信联络，以及采取会谈方法和巡视方法（或三至五人的小型巡视团或个别有威信的委员巡视），及时掌握土改工作动态，及时纠正错误。如果下面对上面的报告、上面对下面的指示不能做到及时的话，错误将会来不及纠正，造成革命利益的损害。全党迫切需要不失时机的生动的具体的报告和指示。②

3. 人民信访

1951年毛泽东要求从中央到地方的各级党组织要重视人民群众的来信，不能采取掉以轻心、置之不理的官僚主义态度。要将这项工作作为共产党和人民政府加强与人民联系的一种方法。如果人民来信数量很多，应当设立专门的机关和人员来处理，对人民群众提出的正当要求要给予满足。1953年毛泽东就山东省积压了七万多件人民来信没有处理一事指出：“这些人民来信大都是有问题要求我们给他们解决的，其中许多是控告干部无法无天的罪行而应当迅速处理的。……官僚主义和命令主

① 《邓小平文选》第1卷，人民出版社1994年版，第274页。
② 《毛泽东选集》第4卷，人民出版社1991年版，第1332、1333页。

义在我们的党和政府,不但在目前是一个大问题,就是在一个很长的时期内还将是一个大问题。”①他要求从中央到地方各级党委党组,从处理人民来信入手,结合整党建党及其他工作,检查一次官僚主义、命令主义和违法乱纪分子的情况。

4. 调查研究

实事求是是中国共产党的优良传统,共产党员应当是实事求是的模范。领导干部要眼睛向下,不能昂首望天。只有去做调查研究,才能了解情况,才能对人对事心里有底。只有实事求是,才能完成确定的任务。因为情况明了,就能下决心,甚至大的决心,采取的办法也才能有效;情况不明,就会决心不大,方法不对,一切无从着手。中国共产党要求各级领导干部都要学会做调查研究。中国共产党时刻提醒干部要把实事求是的精神恢复起来,不能因为官做大了,对实际情况就不摸底了;或者已经摸了一些底,就不继续摸底了。

(二)加强内部管理与建设

从各国无产阶级政党的发展历程来看,无产阶级政党内部出现的危险因素与腐败因素,通常是党内存在思想不纯、作风不纯、组织不纯的严重表现。无产阶级政党必须通过不断加强思想建设、作风建设、组织建设等解决这些严重问题。

1. 思想建设

1847 年马克思、恩格斯共同参与了创建国际共产主义运动史上第一个共产党组织——共产主义者同盟的活动,他们十分注重思想建设,用共产主义思想来纠正盟员中的各种错误思想,使他们的思想能够符合同盟的目的。他们强调党的思想、党的作风、党的纪律对党的事业成功的重要性。

重视思想建设是政党走向成熟的标志。从历史上看,中国共产党的自我革命,不是停留在表面的问题处理上,而是注重从思想上寻找问题产

① 《毛泽东文集》第 6 卷,人民出版社 1999 年版,第 254 页。

生的根源。新民主主义革命时期红军第四军的共产党内曾存在着各种非无产阶级的思想，这对于执行党的正确路线，妨碍极大。若不彻底纠正，则中国伟大革命斗争赋予红军第四军的使命，第四军是必然担负不起来的。古田会议及其通过的决议，并不是简单地进行批评和批判，而是对其产生的原因进行深入细致的分析，对症下药。古田会议上强调思想上建党，决议强调注重调查研究是加强思想建设的最主要方法，这样才能避免坠入空想和盲动的深坑。这是中国共产党自身建设的一大理论创新，也是古田会议决议的精髓所在。1939 年 7 月刘少奇在《论共产党员的修养》一文中认为："由一个幼稚的革命者，变成一个成熟的、老练的、能够'运用自如'地掌握革命规律的革命家，要经过一个很长的革命的锻炼和修养的过程，一个长期改造的过程。一个比较幼稚的革命者，由于他：(一) 是从旧社会中生长教养出来的，总带有旧社会中各种思想意识(包括成见、旧习惯、旧传统)的残余。(二) 没有经过长期的革命的实践；因此，他还不能真正深刻地认识敌人，认识自己，认识社会发展和革命斗争的规律性。"人无精神则不立，党无精神则不强。一个政党的衰落，往往从精神滑坡、理想丧失开始。一个谋求长期执政、全面领导的政党，必须首先是精神上的强者，才能在历史的洪流中攻坚克难、屹立不倒。中国共产党要把九千多万党员的思想统一起来，必须要有一套先进的思想体系。马克思主义是中国共产党的根本指导思想，是认识世界、把握规律、追求真理、改造世界的强大思想武器。中国共产党，作为马克思主义政党，不是因利益而结成的政党，而是以共同理想信念组织起来并领导人民的政党。邓小平指出："没有这样的信念，就没有凝聚力。没有这样的信念，就没有一切。"①

改革开放之初，通过实践是检验真理的唯一标准和"两个凡是"的争论，解决了思想路线问题。"对于实践是检验真理的唯一标准的论点，开始的时候反对的人不少，但全国绝大多数干部群众还是逐步接受了的。"②这场争论的意义十分重大。只有解放思想、实事求是、理论与实践

---

① 《邓小平文选》第 3 卷，人民出版社 1993 年版，第 190 页。
② 《邓小平文选》第 2 卷，人民出版社 1994 年版，第 190 页。

相结合，才能为正确的政治路线的制定与贯彻奠定基础。

2. 作风建设

马克思、恩格斯重视党内的团结，要求无产阶级政党内部克服小资产阶级组织中的宗派性特征，强调无产阶级政党内部要通过批评与自我批评的方式促进党员相互了解、彼此团结。马克思曾经说过，无产阶级革命与其他革命不同之处就在于：它自己批评自己，并靠批评自己壮大起来。[①] 相互间的批评并不会影响团结，为了党的利益展开的相互批评是走向团结的必要方式。伟大的阶级、伟大的民族都可以从自己所犯的错误中学到有益的东西。列宁针对党内存在的问题，提出以创办党内报刊（争论专页等）的方式经常地、广泛地批评党的错误和开展党内各种批评，但反对以资产阶级倡导的出版自由来克服自身的弱点、错误、偏差、毛病。以马克思列宁主义的理论思想武装起来的中国共产党，将批评与自我批评的作风作为党的三大优良作风之一。在党的第七次全国代表大会上，毛泽东在讲到党风时强调这个党必须是建立在自我批评基础上的党。不犯错误的党，不犯错误的人，不犯错误的领导是没有的。没有批评与自我批评，就不能及时总结经验、纠正错误。有了批评与自我批评，就可以不使小错误发展为大错误，发展为路线性的错误。有了正确的和错误的经验，可以用来教育干部、党员、群众，把错误变成肥料，将坏事变成好事。1957 年毛泽东讲到军队内部的民主时指出，实行了军衔制度，上下级的关系应当是密切的，官兵还是要打成一片的，还是要准许下级批评上级，士兵批评干部。不要因为有了军衔制度而使上下级、官兵的密切关系受到损害。在大家批评之前，先准备一下，作一点报告，讲一讲自己有什么缺点，无非是一二三四，有那么几条。然后同志们发言，补充一些，批评一下。群众是公道的，他们不会把我们的历史丢掉。只有坚持密切联系群众，我们有一些缺点，人民才会谅解我们。如果不坚持密切联系群众，人民对我们的缺点很自然地就难于原谅了。[②]

---

① 参见中共中央党校（国家行政学院）编：《习近平新时代中国特色社会主义思想基本问题》，人民出版社、中共中央党校出版社 2020 年版，第 397 页。

② 《毛泽东文集》第 7 卷，人民出版社 1999 年版，第 286 页。

在抗日战争时期，毛泽东于1942年2月1日在中央党校开学典礼上在总结党的历史经验基础上着重讲了整顿党的作风的问题。他指出，要完成打倒敌人的任务，必须完成整顿党内作风的任务，主要是反对以教条主义和经验主义为内容的主观主义以整顿学风，反对在处理党内相互关系、党外关系上存在的各种宗派主义以整顿党风，反对主观主义和宗派主义的一种表现形式——党八股以整顿文风。学风和文风也是党的作风，都是党风。他强调，主观主义、宗派主义、党八股，这三股歪风，有它们的历史根源，要号召对主观主义、宗派主义、党八股加以抵制；对待思想上的毛病和政治上的毛病，决不能采用鲁莽的态度，反对主观主义、宗派主义、党八股的宗旨是惩前毖后、治病救人。后来，邓小平回忆延安整风时曾经指出："毛泽东同志在延安整风时，号召反对宗派主义，解决全党和各个地区特别是军队里的山头主义。经过整风，从一九四一年算起，差不多三四年时间就解决了。整风后，不管是军队干部，还是地方干部，拧成一股劲，力量多大呀！所以把仗打胜了。"①反对宗派主义就是反对派性。树山头、垒山头，或者站到这个山头、那个山头，都可能造成党的分裂，党就会丧失战斗力。"没有那次整风，打倒日本侵略者，打败蒋介石，是不可能的"。②

邓小平在《党和国家领导制度的改革》一文中肯定了党的集中统一的必要性，但他同时也强调："权力过分集中，越来越不能适应社会主义事业的发展。"③他批评了革命队伍内的家长制作风，指出不少地方和单位，都有家长式人物，他们的权力不受限制，别人都要唯命是从，甚至形成对他们的人身依附关系。家长制作风，不仅使个人高度集权，还使个人凌驾于组织之上，组织成为个人的工具。邓小平强调："不彻底消灭这种家长制作风，就根本谈不上什么党内民主，什么社会主义民主。"④

3. 组织建设

列宁在建党初期针对党内出现的涣散现象，他强调："党应当是组织

---

① 《邓小平文选》第2卷，人民出版社1994年版，第16页。
② 《邓小平文选》第2卷，人民出版社1994年版，第14页。
③ 《邓小平文选》第2卷，人民出版社1994年版，第329页。
④ 《邓小平文选》第2卷，人民出版社1994年版，第331页。

的总和(并且不是什么简单的算术式的总和,而是一个整体)。”①“十月革命”胜利后,列宁及时总结布尔什维克成功的历史经验。他提出,布尔什维克极严格的真正铁的纪律是得到整个工人阶级全心全意拥护的保证,否则,布尔什维克别说保持政权两年半,就是两个半月也保持不住。布尔什维克不仅要有严格的纪律规定,而且要有严密的组织体系。列宁在继承和发展马克思和恩格斯提出的民主集中制基本思想的基础上,1906 年在他的提议下,俄国社会民主工党代表大会首次将民主集中制写入党章。1919 年共产国际成立后,列宁又将这一组织原则推广到加入共产国际的各国无产阶级政党。由列宁起草的《加入共产国际的条件》中明确规定:“加入共产国际的党,应该是按照民主集中制的原则建立起来。”②

中国共产党继承了列宁提出的民主集中制的思想。1927 年 6 月 1 日,中央政治局会议通过的《中国共产党第三次修正章程决案》,第一次明确地规定“党部的指导原则为民主集中制”。邓小平曾经指出:“我们党的组织原则是高度的民主和高度的集中相结合。把列宁提出的民主集中制原则精神发挥了。一个党不集中不行,如果没有中央和各级党委的集中领导,这个党就没有战斗力。这种集中,如果没有高度的民主作基础,集中也是假的。全党提倡民主、提倡批评与自我批评,就能真正把全党的意志集中起来,真正做到万众一心。”③这种民主是否会影响统一指挥呢?不仅不妨碍,而且可以发现错误就改,这样就能更好地指挥。当然,有了党内民主和批评自我批评,有问题不是在下面乱讲,而是摆到桌面上来。毛泽东曾提出四句话,叫“知无不言,言无不尽”,“言者无罪,闻者足戒”。邓小平也曾指出,“要造成这种空气”。④ “知无不言,言无不尽”就是要求公开地说,说老实话。不抓辫子,不戴帽子,不打棍子的“三不”反映了“言者无罪”的要求,说错了纠正。

有了正确的政治路线,还要由正确的人来具体地贯彻执行。由什么

---

① 《列宁选集》第 1 卷,人民出版社 1995 年版,第 471 页。
② 《列宁选集》第 4 卷,人民出版社 1995 年版,第 254 页。
③ 《邓小平文选》第 1 卷,人民出版社 1994 年版,第 347 页。
④ 《邓小平文选》第 1 卷,人民出版社 1994 年版,第 333 页。

样的人来执行，关系到政治路线的执行效果。坚决赞成政治路线的干部、不赞成甚至反对政治路线的干部、持中间态度的干部，都有可能存在，并对政治路线的贯彻产生不同的影响。党的任何事业都是要依靠人去完成的，没有大批优秀的干部，事业就不能成功。1979 年 11 月，邓小平在中央党、政、军机关副部长以上干部会议上提出了一个严重的问题，“现在我们国家面临的一个严重问题，不是四个现代化的路线、方针对不对，而是缺少一大批实现这个路线、方针的人才”。[①] 邓小平强调：“解决组织路线问题，最大的问题，也是最难、最迫切的问题，是选好接班人。”[②]至于选人用人的标准，邓小平注重年轻干部的思想状况和政治状况。他指出：“选干部，标准有好多条，主要是两条，一条是拥护三中全会的政治路线和思想路线，一条是讲党性，不搞派性。”[③]这里的党性也包括联系群众、艰苦朴素、实事求是等等。

当然，组织路线还有其他的问题，如机关臃肿怎样解决，退休制度问题怎样解决等等。1975 年 7 月，邓小平围绕军队整顿的任务在中共中央军委扩大会议上在肯定军队总的形势是好的前提下着重讲了军队存在的问题。他将部分军队干部存在的问题概括为五个字：肿、散、骄、奢、惰。“肿”的问题主要是指整个军队需要进行精简整编；“散”的问题主要是指有派性和组织纪律性差的问题；“骄”的问题主要是指军队因为战争年代军队出力人、牌子硬、名誉好，就容易骄，有的人把群众路线的优良传统、艰苦奋斗的传统作风丢掉了；“奢”的问题主要是指有的人追求资产阶级生活方式，闹享受、闹待遇，有的甚至公私不分；“惰”的问题主要是指一些机关及一些人革命意志衰退、追求个人利益、思想懒惰、不敢办事、不敢担责。1982 年 1 月，邓小平在中共中央政治局讨论中央机构精简问题会议上的讲话中提出，“机构改革是一场革命”。他强调，“如果不搞这场革命，让党和国家的组织继续目前这样机构臃肿重叠、职责不清，许多人不称职、不负责，工作缺乏精力、知识和效率的状况，这是不可能得到人民赞同

① 《邓小平文选》第 2 卷，人民出版社 1994 年版，第 220—221 页。
② 《邓小平文选》第 2 卷，人民出版社 1994 年版，第 192 页。
③ 同上。

的……”[①]“这场革命不搞，让老人、病人挡住比较年轻、有干劲、有能力的人的路，不只是四个现代化没有希望，甚至于要涉及到亡党亡国的问题，可能要亡党亡国”。[②]

1982年邓小平在谈到领导职务终身制问题时指出，设顾问委员会，是一种过渡性质的，是干部领导职务从终身制走向退休制的一种过渡，为退休制度的建立和领导职务终身制的废除创造条件。1982年的中共十二大决定成立中国共产党中央顾问委员会，其职能是中央委员会政治上的助手和参谋。担任顾问的同志应当具有40年以上的党龄，对党有过较大贡献，有较丰富的领导工作经验，在党内外有较高声望。这样的安排，一是实现了中国共产党中央委员会年轻化，同时让一些老同志在退出第一线工作岗位之后继续发挥一定的作用；二是将其作为领导职务从终身制走向退休制的一种过渡。后来，邓小平认为，要真正解决问题不能只靠顾问制度，重要的是要建立退休制度。1992年，中共十四大通过了关于中央顾问委员会工作报告的决议，同意不再设立中央顾问委员会的建议。邓小平还指出，论资排辈是一种落后的习惯势力，提出要改革选拔干部的制度，建立有利于提拔年轻干部的制度。他指出："我们要破格选拔人才，不要按老规矩办事，要想到这是百年大计。先不说百年大计，十年大计首先要想嘛。""我们说资本主义社会不好，但它在发现人才、使用人才方面是非常大胆的。它有个特点，不论资排辈，凡是合格的人就使用，并且认为这是理所当然的。"[③]

（三）积极净化政治生态

要始终保持无产阶级政党的先进性、纯洁性，不因为外部形势、人员规模、地位成就、目标任务的变化而放松要求，就必须时刻保持警醒的状态，主动积极地应对各种随时可能出现的党内偏离无产阶级政党要求与规范的现象及问题，采取有力措施净化党内政治生态。

---

① 《邓小平文选》第2卷，人民出版社1994年版，第396页。
② 《邓小平文选》第2卷，人民出版社1994年版，第397页。
③ 《邓小平文选》第2卷，人民出版社1994年版，第225页。

1. 保持纯洁

一个政党取得执政地位后，总会吸引更多的人加入掌权的党。列宁十分注重保持无产阶级执政党在组织上的纯洁性。为了使无产阶级先锋队能够担当自身的使命，他认为，提高党员质量比扩大党员规模更为重要。他主张："徒有其名的党员，就是白给，我们也不要。世界上只有我们这样的执政党，即革命工人阶级的党，才不追求党员数量的增加，而注意党员质量的提高和清洗'混进党里来的人'。"①

当俄共(布)党员人数发展到三四十万时，列宁认为人数规模已经过大，并且指出党员自身的修养还没有达到相应的要求。他提出以延长新党员考察期的方式保证党员质量，使党员考察期机制真正发挥作用，而不致流于形式。他认为，要成为真正的无产阶级执政党的党员，必须经受极其严格认真的考验，通过制定相应的组织条例在新党员考察期中采用适当措施，使党组织能够将不符合标准的党员及时清除出去。

当俄共(布)党员人数超过 60 万人时，列宁认为，为了防止那些旧资本主义的渣滓钻进和混入执政党里来，在各地党组织已经完成党员重新登记的情况下，通过举行征收党员周活动(在征收党员周期间只吸收工人、红军战士、水兵和农民入党)，尽可能保证入党的人都是真正忠于劳动者解放事业的人。通过举行征收党员周，仅俄罗斯联邦欧洲部分 38 个省就有 20 多万人入党，其中 50%以上是工人，在作战部队中被接受入党的约 7 万人。② 俄共还通过动员人们上前线和参加星期六义务劳动的办法，来清洗党内那些一心想从执政党党员的地位"捞到"好处而不愿肩负为共产主义忘我工作的重担的人。

执政党的纯洁性与执政党队伍内部的"新陈代谢"机制是否健全密切相关。对于历经百年、长期执政的政党来讲，解决这样的难题尤为迫切、尤为重要。1962 年邓小平在接见参加组织工作会议和全国监察工作会议同志时的讲话中指出：对执政党来说，党要管党，最关键的是干部问题。多少年来，我们对干部就是包下来，能上不能下，现在看来，副作用很

---

① 《列宁专题文集・论无产阶级政党》，人民出版社 2009 年版，第 222 页。
② 《列宁专题文集・论无产阶级政党》，人民出版社 2009 年版，第 410 页。

大。干部能上不能下的问题现在已经成为我们工作中的障碍，虽然一下子还不能解决，要慢慢来，但是总要逐步地解决。“要说服我们的干部，造成一种能下的空气。”[①]要逐步从制度上、习惯上、风气上，做到能上能下。“这一点，我们不如资本主义社会，资本主义社会是能上能下的。”[②]

2. 惩恶扬善

1951年，毛泽东发现新中国成立后的几年里一些地方严重的贪污案件屡有发生。他指出，一切从事国家工作、党务工作和人民团体工作的党员利用职权实行贪污和实行浪费，都是严重的犯罪行为。一切贪污行为必须揭发，按其情节轻重，给以程度不同的处理，从警告、调职、撤职、开除党籍、判处各种徒刑，直至枪决。典型的贪污犯，必须动员群众进行公审，依法治罪。他强调，这是资产阶级对党侵蚀的结果，需要防止及克服此种巨大危险。他同时指出：浪费和贪污在性质上有所不同，但由于浪费的范围极广、项目极多，又是一种普遍的严重现象，损失要大于贪污，必须进行斗争并制定出惩治办法。官僚主义、自由主义作风是贪污和浪费现象所以存在和发展的根本原因。贪污和浪费是与各方面存在的不同程度的官僚主义、自由主义工作作风相关联的，对于发生了严重贪污、浪费现象的机关、部队、团体、学校、企业中存在的事前毫无觉察、事后又不厉行惩治的严重官僚主义分子，应以失职论处，决不宽恕。

1953年1月毛泽东在收到中共中央山东分局纪律检查委员会《关于反对官僚主义、反对命令主义、反对违法违纪的意见的报告》后，就反对官僚主义、命令主义和违法违纪问题提出具体措施。他指出：“凡典型的官僚主义、命令主义和违法乱纪的事例，应在报纸上广为揭发。其违法情形严重者必须给以法律的制裁，如是党员必须执行党纪。各级党委应有决心将为群众所痛恨的违法乱纪分子加以惩处和清除出党政组织，最严重者应处极刑，以平民愤，并借以教育干部和人民群众。”[③]同时，他要求在开展反坏人坏事的斗争达到适当阶段时，应当将各地典型的好人好事加

① 《邓小平文选》第1卷，人民出版社1994年版，第329页。
② 《邓小平文选》第1卷，人民出版社1994年版，第330页。
③ 《毛泽东文集》第6卷，人民出版社1999年版，第255页。

以调查分析和表扬，使全党向好的典型看齐，发扬正气、压倒邪气。

3. 常抓不懈

新中国成立以后，毛泽东指出，对于顽固的不良作风必须常抓不懈。1960年，他针对官僚主义现象说：官僚主义是旧社会遗留下来的坏作风，"突出的表现是'五多五少'。就是说，会议多，联系群众少；文件、表报多，经验总结少；人们蹲在机关多，认真调查研究少；事务多，学习少；一般号召多，细致地组织工作少。"[①]这样的问题不只是县一级有，省与中央也有。过去党中央曾对这个问题发过指示后来就没有再过问。鉴于这样的情况，毛泽东强调，一年要对这个"五多五少"问题谈两次，至少谈一次，并且要采取处理办法。

4. 标本兼治

改革开放时期，邓小平指出，官僚主义现象是党和国家政治生活中广泛存在的一个大问题，无论在我们的内部事务，或是在国际交往中，都已达到令人无法容忍的地步。其主要表现是："高高在上，滥用权力，脱离实际，脱离群众，好摆门面，好说空话，思想僵化，墨守陈规，机构臃肿，人浮于事，办事拖拉，不讲效率，不负责任，不守信用，公文旅行，互相推诿，以至官气十足，动辄训人，打击报复，压制民主，欺上瞒下，专横跋扈，徇私行贿，贪赃枉法，等等。"[②]他强调，当前官僚主义现象的总病根是同我们长期认为社会主义制度和计划管理制度必须对经济、政治、文化、社会都实行中央高度集权的管理体制有密切关系。

邓小平在改革开放中注意到一些干部把自己看作是人民的主人而不是公仆，搞特权、特殊化，这些现象引起了群众不满，损坏了党的形象。他提出了如下的治理思想：这类问题不仅是思想问题，而且是制度问题。如果制度问题没有解决好，特权现象，即使受到限制、批评和打击，也会重新滋生；公民在法律和制度面前人人平等、党员在党章和党纪面前人人平等。任何犯了法的人都不能逍遥法外，任何违反党纪的人都不能逍遥于纪律制裁之外。只有真正坚决地做到这些，才能彻底解决搞特权和违法

① 《毛泽东文集》第8卷，人民出版社1999年版，第167页。
② 《邓小平文选》第2卷，人民出版社1994年版，第327页。

乱纪的问题；解放以后一段时间内没有自觉、系统地建立保障人民民主权利的各项制度，法制很不完备，也很不受重视。要有群众监督制度，让群众和党员监督干部，特别是领导干部。凡是搞特权、特殊化，经过批评教育而不改的，人民就有权依法进行检举、控告、弹劾、撤换、罢免，要求他们在经济上退赔，并使他们受到法律、纪律处分。①

从上述对无产阶级政党管党治党历史与实践的回溯中可以发现，无产阶级政党对党内政治生态的治理具有如下的一些特点：一是时刻关注党内政治生态的变化，并运用多种方式方法掌握其动态；二是注重通过加强党的自身建设，以思想建设防止思想不纯的问题、以组织建设防止组织不纯的问题、以作风建设防止作风不纯的问题，保持无产阶级政党的先进性与纯洁性；三是以自我革命的精神、以积极治理的态度，综合施策，有力地消除党内各种隐患与危机。

二、公共部门及其公职人员治理的有关理论

人们对于抑制国家治理体制内公职人员非正当行为最佳方案的探索，已经深入到学术研究的层面。概括总结学术界涉及公共部门及其公职人员治理的有关理论，可以为研究中国公职人员从政环境的治理问题提供有参考价值的分析思路。

（一）注重政治生态监测的理论

既然优化自然生态环境需要对生态状况进行监测，优化政治生态环境也同样离不开监测。为了对特定政治生态中的腐败活动的实际状况作出评价，需要运用统计学、社会学等手段对不断变化着的政治生态环境下花样翻新的腐败活动进行跟踪监测，只有监测到政治生态中实际存在的

① 《邓小平文选》第2卷，人民出版社1994年版，第332页。

问题才能寻找出有效对策。国外反腐败研究机构通常利用民意调查作为腐败状况的监测工具。始于 1999 年，由世界银行研究院（WBI）主持的治理与反腐败诊断调查项目（简称 GAC）致力于提高公共部门治理水平和效率，为杜绝腐败的制度改革计划提供支持。该项目包括了三个民意调查，分别是公职人员调查、普通家庭调查和企业调查。其中针对公职人员的调查，通过问卷调查形式了解受访者对过去一年人事方面的看法、对自己所在部门履行服务职能的看法、对所在机构在使用预算资金违规现象发生的频率的看法、对公职人员知道腐败事件但并不报告动因的看法等，进而了解公共机构具体的腐败行为（包括政治干预、裙带关系、贿赂、挪用公款等），自由裁量权，绩效和治理情况。[①] 新西兰反腐学者波普指出："经历和主观感受对于严格的分析来说都是有用的数据。不管是关于现在还是过去的议题的具体数据，对于反腐败战略来说，都是一件有力的武器。"[②]

（二）注重内部控制的理论

1949 年美国会计师协会的审计程序委员会在《内部控制：一种协调制度要素及其对管理当局和独立注册会计师的重要性》的报告中，对内部控制首次作了权威性定义，即内部控制是在一定的环境下，内部控制主体为了达到其特定目标所采用的一系列的管理程序和方法。内部控制的基本原则是：重要性（要求内部控制应当区别其重要程度，采用不同的控制程序和方法）；程序定位（根据各岗位性质和人员要求，赋予任务和职责权限，规定操作规程，明确纪律规则和检查标准，以使职、责、权相结合）；合法性（内部管理行为必须符合国家有关法律法规和章程纪律的规定）；系统全面（内部控制的内容应当全面，协调，相互配合，形成有机系统）；相互牵制（职责权限应当明确，并相互分离、相互制约）。国际反腐败研究机构——"透明国际"将内部控制原则应用于公共机构的内部管理，在提出

---

① 参见俞可平主编：《国家治理评估——中国与世界》，中央编译出版社 2009 年版，第 168、169、170、176—180 页。

② ［新西兰］杰瑞米·波普：《制约腐败——建构国家廉政体系》，清华大学公共管理学院廉政研究室译，中国方正出版社 2003 年版，第 400 页。

国家廉政体系的制度支柱时，强调服务大众的公务员系统作为“廉政支柱”之一，应当具有依法履职、权力监督、任人唯贤、公正公平公开等一系列内部控制要求。要将是否具有服务提供者责任界定、职位轮换、决定说明义务、礼物及款待登记、政务公开、管理层廉政建设责任、服务满意度民意调查、举报人保护等作为公务员系统的能力评估指标。

（三）强调积极治理的理论

1989 年世界银行首次使用了“治理危机”一词。自此国际多边与双边机构、学术团体及民间志愿组织等都把“治理”作为惯用的词汇，治理理念遂被广泛地运用到政治学、经济学、社会学、管理学等各个领域。积极治理理论早期对腐败治理的观点是，积极有效的反腐措施不仅是同腐败的外在表现、同现有的腐败现象作斗争的措施，也包括同造成腐败的制度根源、潜在的贪腐行为作斗争的措施。近年来随着对非正式制度研究的深入，从文化的维度探讨腐败成因已成为西方腐败问题研究的新趋势，改变了长久以来把腐败产生和蔓延主要归因为制度不完善的观点。这些研究以跨国回归分析、实验分析、委托一代理模型分析和动态传播分析为主要范式，分别从不同的侧重点解释了腐败的产生和蔓延的文化根源。例如，2012 年俄罗斯学者莫洛特尼科夫在《腐败：性质、表现与应对》一书中指出，文化是反公务腐败或纵容公务腐败问题的一个根本性因素，既包括整体上的文化，也包括某具体机构的公司文化。① 由于一些人是因为受到强制才遵守原则，另一些人则是因为理解、接受原则而讲原则，因此不仅在组织机构内部要有监督、调查和及时制止腐败行为的部门和规则，而且有必要在机构中形成一种对腐败不容忍的文化。《联合国反腐败公约》（以下简称《公约》）为国际社会治理腐败提供了具有指导意义的原则与标准，在《公约》第二章“预防措施”中提出了公共部门及其公职人员预防腐败的基本原则及措施。一方面，在制度防范层面，《公约》规定对于担任特别容易发生腐败的公共职位人员要实行轮岗，采用、维持和加强促进透明

① 参见[俄]哈布里耶娃主编：《腐败：性质、表现与应对》，李铁军等译，法律出版社 2015 年版，第 351 页。

度和防止利益冲突的制度，建立公职人员申报可能与其职能发生利益冲突的有关事项的制度等；另一方面，在文化预防层面，《公约》要求预防性反腐机构积累和传播预防腐败的知识，要求公共部门促进对人员的教育和培训方案，以使其能够达到正确、诚实和妥善履行公务的要求，提高其对履行其职能过程中所隐含的腐败风险的认识。

有关公共部门治理的理论，只有转化为适应特定主体特点的一整套以降低腐败水平、减少腐败危险为目标的起直接作用的行动机制，才能成为推进腐败治理改革的动力。当前以公共部门治理的一般规律及公共部门治理理论为指导，净化公职人员从政环境的单位机制的研究，应当遵循这样的逻辑思路：首先，通过对公职人员单位的跟踪监测，发现特定环境中产生的带有共性的治理问题；其次，依据内部控制的基本原则，把握问题治理的关键点，并针对问题滋生及蔓延的主、客观原因，明确对症治理要求；最后，在明确治理问题、治理关键及治理要求的基础上，遵循积极治理的理念，研究设计净化公职人员从政环境的一系列单位机制。

比较现代公共部门及其公职人员治理的有关理论与无产阶级政党管党治党的思想，可以发现，在治理思路上，有些方面具有相似之处，如注重政治生态的动态监测、强调组织内部的建设与控制、主张对不良政治生态问题进行积极治理。因此，对我国公职人员从政环境治理的研究，应当坚持将现代公共部门及公职人员治理理论与无产阶级政党管党治党的历史、思想及实践紧密结合，这样才能推动适合中国特色的国家治理体系与治理能力现代化。

三、“生态监测”与单位从政环境的监测维度

只有通过对公职人员从政环境的实地监测，才能发现公职人员单位存在的问题，了解其具体表现形态，为进一步分析与研究奠定基础。本项研究提出公职人员单位从政环境监测可以从问题状况、风险状况、治理状

况三个维度着手，三个维度构成的整体评价系统可以在很大程度上提高从政环境监测的科学性、真实性、系统性，全面地反映一个单位从政环境的整体状况。

（一）问题状况监测

公职人员单位从政环境中的问题状况，主要反映单位党组织、主要领导干部及公职人员背离规范行为的种种表现及其产生的危害。问题状况监测是从政环境监测研究中的首要问题，单位政治生态受污染程度、营造风清气正从政环境存在的主要障碍，是党和政府十分关注的问题，只有精准地揭示出问题，才能有的放矢地推动治理变革，有针对性地提出净化与优化公职人员单位从政环境的举措。公职人员的从政环境固然受到宏观组织架构、制度法律、社会氛围的影响，但是，单位内部的微环境对公职人员从政行为的影响更为直接。

为了更为精准地监测公职人员单位从政环境中存在的问题，可以选择主观监测与客观监测相结合的方式。从客观监测的角度，上级党组织对该单位的巡视巡察反馈意见；上级纪检监察机关受理举报情况、立案情况及该单位因违纪违法受到处分或追究刑责的次数和人数；单位问题客观上造成的各种政治、经济损失等，都是监测从政环境的客观性指标。从主观监测的角度，单位公职人员对单位组织环境、制度环境中存在的突出问题的主观感受及亲身经历都是监测从政环境的主观性指标。通过主观监测与客观监测，了解单位政治生态问题的重点领域和一般领域；了解单位政治生态污染存量与污染增量情况；了解单位组织环境与制度环境的合规性；了解公职人员对单位政治生态问题的切身感受。通过主客观监测结果的相互印证，实现对单位从政环境问题的动态监控以及对其发展变化趋势的预测。从研究逻辑出发，本书主要集中在客观性监测方面。

（二）风险状况监测

公职人员单位从政环境中的风险状况，是指公共权力运行过程中存在的各种风险，它们是与善政、良治相背离的行为，是相对于党中央要求、国法党纪规范而言存在的差距与不足。风险往往是尚未发生且可能发生的问题，由于单位党组织工作不力，存在着制度漏洞与腐败机会，未来在某个领域或环节很有可能发生背离规范行为的趋向或可能性。单位党组织是否具有风险意识？公职人员是否存在思想道德风险？权力运行中是否存在利益冲突？是否能够依据单位性质及特征识别在工作部门、工作岗位及工作流程中的廉政风险点？是否已根据风险点采取有效且长效的风险防控措施？单位在选人用人、制度执行方面是否存在规范性问题？单位是否已形成支持净化从政环境的舆论氛围？这些都是观察公职人员单位从政环境是否存在风险状况的指标。如果一个单位党组织领导有力、单位治理有效，风险状况出现的可能性就低；如果一个单位党组织领导不力、单位治理不善，风险状况出现的可能性就高，并可能向问题状况转化，甚至出现恶化、蔓延的情形。监测风险状况，可以识别从政环境风险，有效降低从政环境风险发生率，有效控制风险转化为问题，起到预防风险扩大、蔓延的作用。

（三）治理状况监测

公职人员单位从政环境的治理状况，是在单位党组织领导下采取的治理措施、实施的治理变革及产生绩效的情况，反映了单位在净化从政环境方面的努力程度和工作成果。单位的治理理念、治理过程、治理领域、治理设计是否针对上级已经发现的问题？治理机构在组织架构、人员素质等方面的投入是否已达到履责尽职的要求？在提高治理绩效方面是否在领导者、监督机制、单位文化等方面存在障碍？单位是否通过治理已经将消极腐败现象遏制在可能的最低限度？单位腐败现象产生的主要根源是否已经根除？新的消极腐败现象是否仍然在发生？这些都是反映治理状况的监测指标。长期来看，一个单位的问题状况与治理状况存在一定的对应关系，即一个党内政治生态未被污染、从政环境良好的单位，治理能力与治理水平通常是比较高的；一个党内政治生态长期处于不健康状态、从政环境虽经治理仍难以根本性改变的单位，治理能力与治理水平通常是不佳的。

单位从政环境监测的三个维度也是单位从政环境监测的三项具体内容。因此，根据单位从政环境的特点，公职人员单位从政环境监测，可以分别对单位组织环境、单位制度环境进行问题状况监测、风险状况监测和治理状况监测。

四、“内部控制”与单位从政环境治理的关键点

依据内部控制理论的基本原则，即重要性、程序定位、合法性、系统全面、相互牵制，可以明确中国单位从政环境治理的关键点。

根据内部控制的“重要性”原则，内部控制应当区别其重要程度，采用不同的控制程序和方法。1957 年邓小平在《共产党要接受监督》一文中指出：“我们党是执政的党，威信很高。我们大量的干部居于领导地位。在中国来说，谁有资格犯大错误？就是中国共产党。”[①]因此，我们党应该特别警惕。在公职人员从政环境中，单位党组织是内部控制的枢纽环节，它的功能发挥及实际运行状态会对从政环境本身产生至关重要影响。如果单位党组织党的意识淡化、党的组织涣散、党的纪律松弛必然导致单位内部正气不彰、邪气不祛。中国共产党的领导地位是受宪法保护的，但在一些地方和单位党组织的领导作用却未能有效发挥。一些党组织之所以党的意识淡薄，履行职责担当不强，关键是在主观上对党的宗旨与使命认识不清，对不断提高党在领导改革开放和社会主义现代化建设中的执政水平与执政能力理解不深；一些党组织之所以对党风廉政建设和反腐败工作重视不够，也是因为没有在主观上认识到腐败问题是对我们党伤害最大的问题。党内决不允许存在腐败，是保持党同人民群众血肉联系的必然要求，也是巩固党的执政地位的必然要求。一些单位党组织主观认识上的缺陷，势必会在客观上放弃或淡化管党治党的责任，对党员干部的

① 《邓小平文选》第 1 卷，人民出版社 1994 年版，第 270 页。

教育、管理、监督功能长期处于弱化状态。“党的领导主要是思想政治和方针政策的领导，是对于干部的选拔、分配、考核和监督。”[①]所谓党的领导弱化，主要是指党在思想、政治和组织三个方面领导的弱化。当然，党的领导弱化、党的建设缺失与一些单位“一把手”没有切实履行党组织赋予的职责，在其位不谋其政也有直接关系。习近平总书记指出：“我们必须用刚性制度把一把手管住，保证一把手正确用权、廉洁用权。”[②]

根据内部控制的“程序定位”原则，应该根据各岗位性质和人员要求，赋予任务和职责权限，规定操作规程，明确纪律规则和检查标准，以使职、责、权相结合。健康的单位政治生态需要依靠每一个单位人的自觉维护，从制度上明确责任、落实责任、追究责任是加快形成对单位违纪违法行为零容忍的单位氛围的重要手段。环境能影响人，人也能改变环境，人人参与才能共同构建一个风清气正的政治生态。不讲责任，不追究责任，再好的制度也难以有效执行。一些单位全面从严治党不力、从严治党主体责任难以落实，主要原因是：有的党委在主观认识上没有把党风廉政建设当作分内之事，认为只要程序上签个责任书就万事大吉了；有的党委对错误思想和作风疏于教育、管理和监督，不制止、不查处、不报告，无原则一团和气已经成为一些单位的组织氛围，导致不正之风长期滋长蔓延；有的领导干部表里不一，自己带头搞腐败，带坏了风气；一些单位党委、部门及纪委之间没有明确的责任分工，难以倒查追究；国有单位的内部性特征，造成缺乏来自外部社会力量的监督问责。

根据内部控制的“合法性”原则，内部管理行为必须符合国家有关法律法规和章程纪律的规定。领导干部守纪律、讲规矩是营造单位遵纪崇法氛围的前提，因为群众对领导干部总是听其言、观其行的。领导干部应当自觉成为净化单位政治生态的“关键少数”，如果领导干部自身行为不能严以律己，势必会带坏风气；如果领导干部落实从政环境净化措施不力、责任不到位，也不可能有效净化单位政治生态。一些单位落实中央八

---

① 中共中央文献研究室编：《十二大以来重要文献选编》（上），人民出版社 1986 年版，第51 页。

② 习近平：《在第十八届中央纪律检查委员会第五次全体会议上的讲话》（2015 年 1 月 13 日），中共中央纪律检查委员会、中共中央文献研究室编《习近平关于严明党的纪律和规矩论述摘编》，中央文献出版社、中国方正出版社 2016 年版，第 100 页。

项规定精神、抓“四风”之所以会出现反复，主要原因是：(1) 一些单位的个别干部与党员不重视纪律与规矩，却容易受到一些错误思想、价值观及不良习俗的影响。“四风”根源于一些干部错误的思想、价值观念，不是轻而易举就可以消除的。形式主义的实质是主观主义、功利主义；官僚主义的实质是官本位等封建残余思想作祟；享乐主义是革命意志衰退、奋斗精神消退、贪图安逸的表现；奢靡之风是剥削阶级思想和腐败生活方式的反映。“四风”也与一些不良习俗有关，尤其是人情关系网，这些不良习俗根深蒂固、无孔不入，容易给党员、干部带来一些不良影响。(2) 一些领导干部没有充分认识到作风问题具有顽固性和反复性，只是形式上抓一抓，没有抓常抓细抓长，没有采取标本兼治的方式，也就不可能用纪律与规矩管住大多数人，也不可能产生持久的效果。(3) 一些党员干部之所以开始由作风问题最后陷入腐败泥坑，与党组织没有抓早抓小，提醒不及时，批评教育不力，甚至网开一面有关。

根据内部控制的“系统全面”原则，内部控制的内容应当全面，协调，相互配合，形成有机系统。公职人员单位选人用人容易受到本国传统、领导者个人价值偏好、人际氛围、官场文化等非正式规则的影响。如果党和国家有关选人用人的正式规则推行不力，就可能出现非正式规则与正式规则相冲突的局面，甚至以非正式规则取代正式规则。任人唯亲、卖官鬻爵等违规违法用人问题在一些地方、部门、单位十分严重，干部制度形同虚设，根本原因在于封建主义残余仍然影响着我国公职人员的从政环境。1980 年李维汉曾向邓小平建议“要补上反封建主义思想这一课”。① 李维汉说：“在我们掌握政权以后，这种封建主义传统就以另一种形态日益发展起来了。”②“文化大革命”充分地暴露了这个问题。在新的历史时期，习近平总书记在关于治国理政的重要论述中，对党内存在的团团伙伙、结党营私、拉帮结派现象进行了深刻的剖析和严厉的抨击，强调“党内决不能搞封建依附那一套，决不能搞小山头、小圈子、小团伙那一套，决不能搞门客、门宦、门附那一套，搞这种东西总有一天会出事！有的案件一查处

---

① 《李维汉选集》，人民出版社 1987 年版，第 579 页。
② 《李维汉选集》，人民出版社 1987 年版，第 578 页。

就是一串人，拔出萝卜带出泥，其中一个重要原因就是形成事实上的人身依附关系。”[①]他特别提醒：“有些干部聚在一起，搞个同乡会、同学会，一段时间聚一下，黄埔一期二期三期的这么论，看着好像漫无目的，其实醉翁之意不在酒，是要结交情谊，将来好相互提携、互通款曲，这就不符合规矩了。这种聚会最好不要搞，这种饭最好不要吃。有的人只要是他工作过的地方，都利用手中的权力‘正正规规’地搞团团伙伙，全要搞成他自己的领地，到处插手人事安排，关照自己小圈子里的人，结果他们就成了一根绳上的蚂蚱。”[②]邓小平曾经指出：“肃清封建主义残余影响，重点是切实改革并完善党和国家的制度，从制度上保证党和国家政治生活的民主化、经济管理的民主化、整个社会生活的民主化，促进现代化建设事业的顺利发展。”[③]

根据内部控制的“相互牵制”原则，职责权限应当明确，并相互分离、相互制约。由于一些腐败易发多发的部门、机构、岗位尚未形成有效的监管，不能迅速地反制腐败，致使腐败现象滋生与蔓延。腐败的生成来自腐败分子获得了非法牟利的渠道与机会，只有进行系统性的体制机制改革，才能消除一切支撑和加剧腐败的制度性渠道及其相关的社会实践活动，才能真正实现“不能腐”的治理目标。习近平指出：“深化腐败问题多发领域和环节的改革，最大限度减少体制障碍和制度漏洞。”[④]这样的腐败治理改革能够成为改变整个国家机器运作机制的基础。然而，这样的改革所要面对的是造成腐败的制度性缺陷，具有一定的系统性，势必会受到来自官僚机构的既得利益者及惰性带来种种阻碍。这就是一些国有单位制度漏洞长期存在的重要原因。由于来自上层和社会的压力，一些实权部门或机构可能会表面化、形式化地构建起一些预防腐败的制度性机制，但

① 习近平：《严明党的组织纪律，增强组织纪律性》(2014 年 1 月 14 日)，《十八大以来重要文献选编》(上)，中央文献出版社 2014 年版，第 769—770 页。

② 习近平：《在第十八届中央纪律检查委员会第五次全体会议上的讲话》(2015 年 1 月 13 日)，中共中央纪律检查委员会、中共中央文献研究室编《习近平关于严明党的纪律和规矩论述摘编》，中央文献出版社、中国方正出版社 2016 年版，第 26 页。

③ 《邓小平文选》第 2 卷，人民出版社 1994 年版，第 336 页。

④ 习近平：《依纪依法严惩腐败，着力解决群众反映强烈的突出问题》，《十八大以来重要文献选编》上册，中央文献出版社 2014 年版，第 135—136 页。

距离“不能腐”的治理目标相距甚远，实际防腐效果也谈不上常态化、长效化。例如，为了防范专断集权引发的腐败现象，尽管一些部门、机构、岗位也建立了一些相关的监管措施，但真正实施的不多。更为重要的是来自单位内部的监督力量不足，在一些单位，普通党员、群众形式上有权、实际上无权的现象是较为普遍存在的。如果缺乏相关机制的支撑，普通党员、群众实际上就处于无权或无力制衡与监督实权部门及人员的状况。

综上所述，单位党组织的功能发挥、治理责任的落实、领导者个人行为的规范性及引领作用、选人用人的导向性以及制度设计的严密程度，是公职人员单位从政环境治理的关键点。

五、“积极治理”与单位从政环境治理的制度供给

作为在腐败治理方面积极治理理念的重要体现，《联合国反腐败公约》从惩治与预防腐败的角度，对有关公共部门及公职人员治理提出了原则性要求。[①] 我国是《联合国反腐败公约》的缔约成员之一，《联合国反腐败公约》中的一些原则要求，可以为研究我国公职人员从政环境的净化治理机制提供重要参照。

《联合国反腐败公约》认为，预防是有效遏止腐败的基础。文化预防不同于强调权力制约的制度性预防，它能够发挥心灵规约的功能。为了使领导干部在思想上始终与党中央保持高度一致，成为单位严守党纪、践行党的方针路线政策的模范，具有坚定的政治立场及优良的工作作风，要形成单位领导干部的思想“保鲜”机制。为了营造健康的党内政治生态，促进党内团结，确保各级领导核心正确行使权力，避免错误、纠正错误、减少失误，要健全党内民主集中制。为了及时防止及清除思想灰尘，帮助党员正确处理公与私、廉与腐、俭与奢、苦与乐的关系，解决精神及思想上的

① 《联合国反腐败公约》，参见陈正云、李翔、陈鹏展：《〈联合国反腐败公约〉：全球反腐败的法律基石》附录，中国民主法制出版社2006年版，第212—251页。

困惑,要结合公职人员单位历史传统及职业道德特点确立经常性的廉洁教育机制。为了阻隔在党内民主生活不良风气侵蚀,要将批评与自我批评作为一种自我预防性机制,发挥其在党内政治生活自我净化、自我警醒的功能。

《联合国反腐败公约》要求各缔约国制订和执行有效而协调的反腐败政策,其中问责制是这些政策要体现的重要原则之一。为了推进单位党组织全面从严治党主体责任、纪委监督责任、"一岗双责"干部领导责任得以落实,要改进党建工作述职评议考核机制,要将单位内部是否仍然还有腐败存量、重要部门及岗位的制度漏洞是否已经彻底封堵、新增腐败现象是否得到抑制等作为衡量相关责任是否落实的重要依据。通过述职、考核为强化问责机制奠定基础。当前要建立自上而下的监督清单管理机制,即上级主管部门年初开列"廉政风险清单",单位对照"风险清单"梳理出"任务清单",上级纪委则专门列出"监督清单",年中开展"原生态"跟踪调研,年终聚焦问题述职。不仅要采取措施促使国有单位领导干部承担其治理职责,而且国有单位中的普通党员群众作为公职人员在从政环境治理中的责任与作用也是不能忽视的。当前,要依据《中国共产党党员权利保障条例》,健全党员权利的单位保障机制,切实防止出现党员在组织内形式上有权、实质上却无权的状况。2020 年中共中央发布的《中国共产党党员权利保障条例》第十一条规定,党员有党内监督权,有权在党的会议上以口头或者书面方式有根据地批评党的任何组织和任何党员,揭露、要求纠正工作中存在的缺点和问题,在民主评议中指出领导干部和其他党员的缺点错误;有权向党组织反映对本人所在党组织、领导干部、其他党员的意见。党员有权向党组织负责地揭发、检举党的任何组织和任何党员的违纪违法事实,提出处理、处分有违纪违法行为党组织和党员的要求。要落实国有单位职工群众知情权、参与权、监督权的相关机制,给群众监督创造条件。此外,还要发挥社会力量在单位从政环境治理的作用。要针对国有单位内部的政治生态问题具有系统性、内部操作性和不易被发现的特点,建立社会公众对国有单位在社会道德领域的问责机制,克服单纯从政绩清单评价国有单位实际状况的局限,增强社会公众对国有单位的信任。

《联合国反腐败公约》要求各缔约国建立对违反公职人员行为守则或标准的公职人员采用纪律措施的机制。为扭转领导班子带头不讲规矩问题，要依据有关规定，推动建立单位负责人履职负面清单评价管理机制，发挥负面清单底线限定、事前提醒、事后追责的功能，力图使负责人在负面清单事前提醒和党纪党规事后追责双重压力之下端正作风。为了防止一些单位以“地方特点”、“单位特色”的幌子对纪律执行作选择、搞变通，形成以正压邪的单位氛围，要根据《中国共产党纪律处分条例》中的六类纪律规定，在单位内部建立执行检查常态化机制，进一步提升批评、约谈、问责、查处、通报等方法在提高纪律规矩严肃性、权威性中的作用。为了震慑问题干部及时收手及向单位职工释放执纪必严的强烈信号，要建立单位“微腐败”违纪案例一律公开点名批评机制，以身边案例教育身边人，纠正一些单位搞无原则一团和气、将通报批评沦为形式的问题。

《联合国反腐败公约》第二章“预防措施”中要求公共部门依据本国法律的基本原则努力采用、维持和加强公职人员的招聘、雇用、留用、晋升制度，这种制度要以效率原则、透明度原则以及特长、公正、才能等客观标准原则为基础。选人用人导向及标准上的错误是影响公职人员单位政治生态的源头性污染，其对政治生态的破坏性具有系统性、长期性，对单位职工的思想、作风和行为具有直接的导向性。习近平指出：“选什么人就是风向标，就有什么样的干部作风，乃至就有什么样的党风。”[①]为了抑制选人用人中的封建主义残余影响，切实防止干部任用中的逆淘汰现象，需要在选人用人的正式规则及非正式规则层面共同形成选优驱劣的导向性机制。

《联合国反腐败公约》强调各缔约成员要在公共采购、公共财政管理等重点领域建立预防腐败的制度。一些国有单位重要领域、关键岗位制度性防范机制之所以形同虚设，与单位内部实际存在的潜规则有着密切

---

①　习近平：《着力培养选拔党和人民需要的好干部》，《习近平谈治国理政》，外文出版社 2014 年版，第 418 页。

的关联，为了及时清理与纪法不符的内部制度，需要构建单位内部规章制度定期清理机制。为了抑制权力不断膨胀的惯性，需要按照专门的方法诊断权力运行状况，对重要领域、关键岗位的权力运作功能进行分析，对可能导致机能失调的弊端进行重点剖析。制度防范的机制不是一旦设计完毕就一劳永逸了，为了提高制度防范的适应性，应当对国有单位进行定期体检，及时跟踪发现制度漏洞，调整相应的制度设计。当前要尽快形成单位业务流程中制度漏洞、腐败机会的定期诊断机制。

全面从严治党不是在短时间内可以一蹴而就的，而是一个循序渐进的治理过程，是一个治理者与治理对象之间不断提升博弈层次的过程，表现在相关治理体制与机制设计上，是一个以单位为立足点，以不断从严为导向，以不断增强实施力度为目标，持续创新完善的过程。因此，持续创新治理机制是净化公职人员单位从政环境的关键环节。从研究的角度，有关净化公职人员单位从政环境的研究是一个可以不断拓展的领域。

第三章
巡视对单位从政环境的监测、治理功能及其研究路径

在"党是领导一切的"、"支部建在连上"的政治要求下，中国共产党各级组织与我国的单位是高度重合的，中共党员与公职人员是高度重合的。净化党风政治生态，就是要营造风清气正的从政环境。从严治党，早在中共十八大以前就已经提出，但是由于没有做到位，导致在一些地方、部门、单位党章党规党纪意识淡薄，若各种潜规则越来越盛行，政治生态就会受到污染，从政环境恶化。政治生态与自然生态有类似之处，一旦污染，重构工作就会艰巨繁重，要重新恢复，就要付出很大代价。重构中国政治生态不是一件轻而易举的事情。

政治生态治理是有明确定位的，不是单纯的业务层面的监督与治理，而是有政治导向性的，它以实现执政党的执政目标为中心，将政治治理与业务推进有机地结合起来。从政治监督的角度出发，党的巡视工作要求履行政治巡视职能，发挥政治"探照灯"、"显微镜"作用，在政治高度上突出党的全面领导，在政治要求上抓住党的建设，在政治定位上聚焦全面从严治党，坚持问题导向，查找政治偏差，督促各级党组织强化管党治党政治责任。

一、巡视制度与巡视任务

1928年党中央制定了党内《巡视条例》，以中共中央通告形式下发。

党的十六大报告提出建立和完善巡视制度。党的十七大把巡视制度写入党章。2009 年 7 月《中国共产党巡视工作条例(试行)》出台,“巡视”正式成为一种党内监督的制度。同年,原来的“中央纪委、中央组织部巡视组”更名为“中央巡视组”。进入中国特色社会主义新时代,以习近平同志为核心的党中央高度重视巡视工作。2015 年 1 月 29 日,习近平总书记在中央政治局常委会听取 2014 年中央第三轮专项巡视情况汇报时,从全面从严治党的战略高度,第一次鲜明完整地阐释中央巡视工作方针,为政治巡视的具体实践指明了方向。2015 年 8 月 3 日起施行了《中国共产党巡视工作条例》。为贯彻落实党的十八届六中全会精神,深化政治巡视,进一步发挥巡视监督全面从严治党利剑作用,2017 年 7 月党中央又对《中国共产党巡视工作条例》进行了修改。

巡视本质是上级党组织对下级党组织履行党的领导职能责任的政治监督,是加强党内监督的战略性制度安排,是党委(党组)履行全面监督职责的直接抓手。巡视制度是党的中央和省、自治区、直辖市委员会等党组织,依据党章、党内法规和中央有关要求,建立专门巡视机构,对下级党组织领导班子及其成员进行巡视监督的制度。巡视是由上而下的垂直监督,通过受理反映被巡视地区、单位的党组织领导班子及其成员问题的来信、来电、来访,对被巡视党组织领导班子及其成员进行民主测评、问卷调查等,直接获知来自基层群众反映的问题,同时,也可防止地方或基层“压案”不报情况的发生,进一步提高党内发现问题并对不良现象形成持续有力震慑的能力。

在工作制度上,巡视组开展巡视前,应当向同级纪检监察机关、政法机关和组织、审计、信访等部门和单位了解被巡视党组织领导班子及其成员的有关情况。巡视组依靠被巡视党组织开展工作。被巡视党组织领导班子及其成员应当自觉接受巡视监督,积极配合巡视组开展工作。党员有义务向巡视组如实反映情况。巡视期间,经巡视工作领导小组批准,巡视组可以将被巡视党组织管理的干部涉嫌违纪违法的具体问题线索,移交有关纪律检查机关或者政法机关处理;对群众反映强烈、明显违反规定并且能够及时解决的问题,向被巡视党组织提出处理建议。有关纪律检查机关、组织部门收到巡视移交的问题或者线索后，应当及时研究提出谈话函询、初核、立案或者组织处理等意见，并于3个月内将办理情况反馈巡视工作领导小组办公室。巡视了解工作结束后，巡视组应当形成巡视报告，如实报告了解的重要情况和问题，并提出处理建议。对党风廉政建设等方面存在的普遍性、倾向性问题和其他重大问题，应当形成专题报告，分析原因，提出建议。派出巡视组的党组织同意后，巡视组应当及时向被巡视党组织领导班子及其主要负责人分别反馈相关巡视情况，指出问题，有针对性地提出整改意见。根据巡视工作领导小组要求，巡视组将巡视的有关情况通报同级党委和政府有关领导及其职能部门。被巡视党组织收到巡视组反馈意见后，应当认真整改落实，并于两个月内将整改情况报告和主要负责人组织落实情况报告，报送巡视工作领导小组办公室。被巡视党组织主要负责人为落实整改工作的第一责任人。派出巡视组的党组织及其组织部门应当把巡视结果作为干部考核评价、选拔任用的重要依据。巡视工作人员应当严格遵守巡视工作纪律。巡视工作人员有违纪违法情形的，视情节轻重，给予批评教育、组织处理或者纪律处分；涉嫌犯罪的，移送司法机关依法处理。

在工作方式上，主要有：（一）听取被巡视党组织的工作汇报和有关部门的专题汇报；（二）与被巡视党组织领导班子成员和其他干部群众进行个别谈话；（三）受理反映被巡视党组织领导班子及其成员和下一级党组织领导班子主要负责人问题的来信、来电、来访等；（四）抽查核实领导干部报告个人有关事项的情况；（五）向有关知情人询问情况；（六）调阅、复制有关文件、档案、会议记录等资料；（七）召开座谈会；（八）列席被巡视地区（单位）的有关会议；（九）进行民主测评、问卷调查；（十）以适当方式到被巡视地区（单位）的下属地方、单位或者部门了解情况；（十一）开展专项检查；（十二）提请有关单位予以协助；（十三）派出巡视组的党组织批准的其他方式。巡视组在实际工作中，可以视情况采用多种工作方式。例如，中央巡视组在巡视某省时，发现该省近三年高速路的投资近千亿元，使巡视组感到厅里领导廉政风险较大。一天上午，巡视组10个同志组成突击检查组，吃早餐时临时通知联络组同志准备一辆中巴车，早餐后直奔交通厅，到了楼下才通知厅领导。巡视组安排两人与厅党组书记在会议室谈话，剩下的同志分成四个小组，同时分别到规划、项目、资金、质检四个职能处办公室，当场查阅和收集有关工程项目和资金配置的原始材料，提取完材料后迅速返回驻地，仔细分析研判，拎出中标最多的企业，然后倒查，发现这些企业与厅长联系交往密切。经省纪委查实，该交通厅厅长受贿几千万元。巡视组采用专项巡视的方式，从突击巡视交通厅到发现厅长问题线索，只用了一天时间。

根据知情人的要求，巡视组可采取“一对一”的方式听取反映，谈话地点也可安排在巡视组驻地之外知情人和巡视组都认为方便的地方。为保障举报人的权益，巡视报告、向被巡视党组织反馈等材料中，都会为举报人保守秘密，确保其身份不被泄露。如果举报人反映的问题属实，纪检监察机关将依纪依法调查处理。

在党风廉政建设和反腐败斗争形势依然严峻复杂的背景下，从净化党风政治生态、落实全面从严治党要求出发，中共十八大以来，中国共产党加强了上级党组织对下级党组织的巡视工作。党中央对加强和改进巡视工作作出新部署、提出新要求：一是围绕党风廉政建设和反腐败工作这个中心开展巡视监督；二是找出“老虎”和“苍蝇”，遏制腐败现象蔓延势头；三是着力发现被巡视党组织领导班子及其成员特别是一把手，在党风廉政建设和反腐败工作、落实中央八项规定精神、执行政治纪律、选人用人四个方面存在的突出问题；四是扩大巡视范围，增加巡视频率，创新方式方法，增强全覆盖要求下巡视工作的针对性、灵活性、有效性。十八届三中全会上形成的《中共中央关于全面深化改革若干重大问题的决定》提出，要实现巡视制度对地方、部门、企事业单位全覆盖。十八届六中全会审议通过的《中国共产党党内监督条例》，首次在党内法规层面对一届任期内实现巡视全覆盖作出规定。《中国共产党巡视工作条例》明确“党的中央和省、自治区、直辖市委员会实行巡视制度，建立专职巡视机构，在一届任期内对所管理的地方、部门、企事业单位党组织全面巡视”。“中央有关部委、中央国家机关部门党组（党委）可以实行巡视制度，设立巡视机构，对所管理的党组织进行巡视监督”。为了在全覆盖基础上加强巡视工作的针对性、灵活性、有效性，在2013年常规巡视的基础上，2014年首次推出专项巡视。专项巡视的特点在于“专”，要求目标清晰、机动灵活，精准发现、定点突破，针对一件事、一个人、一个下属单位、一个工程项目、一笔专项经费开展巡视；五是对那些已经巡视过的地区和单位，中央巡视组将择机杀个“回马枪”，检查整改落实情况，以强化震慑。截至中共十九大召开之前，中共中央组织开展了12轮巡视，共巡视277个单位党组织，对16个省区市开展“回头看”、对4个中央单位进行“机动式”巡视，实现了一届任期巡视监督全覆盖的目标，推动形成了党内发现问题的机制，加强了党内监督的纠错功能。

新时代加强政治监督的根本任务是，坚决维护以习近平总书记为首的党中央领导地位，坚决维护党中央权威和集中统一领导。强调“两个维护”是中共十九大后各级巡视工作的突出特征。

从中共十九大后第一轮中央巡视情况来看，第一次把“两个维护”作为新时代巡视工作的根本政治任务。从巡视反馈的共性问题来看，被巡视的14个省区市中均不同程度地在学习贯彻习近平新时代中国特色社会主义思想和党的十九大精神、落实中央重大决策部署方面存在着问题。例如，中共福建省委学习贯彻习近平新时代中国特色社会主义思想和党的十九大精神不够深入，落实中央有关重大决策部署存在差距，对中央赋予的一些先行先试政策统筹谋划不够，推进落实不够到位。中共四川省委学习贯彻习近平新时代中国特色社会主义思想和党的十九大精神学深悟透、注重实效不够，落实打好脱贫攻坚战、建设长江上游生态屏障等中央有关重大决策部署不够到位。中共黑龙江省委学习贯彻习近平新时代中国特色社会主义思想和党的十九大精神不到位，对总书记关于黑龙江工作重要指示精神学习领会、研究分析不够深，在创新发展思路、培育新增长领域等方面措施不够有力，落实脱贫攻坚等中央重大决策部署不够到位。

中共十九大后中央第二轮巡视聚焦脱贫攻坚专项巡视。精准脱贫是党的十九大确定的全面建成小康社会三大攻坚战之一，中央巡视的目的就是督促各级党组织落实脱贫攻坚政治责任，贯彻落实党中央脱贫攻坚决策部署，确保如期实现脱贫攻坚目标。巡视的主要对象是，纳入扶贫考核的13个中西部省区市、脱贫攻坚中承担重要职责的11个中央国家机关和2个中管金融企业党组织。但是，贯彻落实党中央脱贫攻坚决策部署不够到位，是本轮被巡视地区、部门、单位的一个"通病"。

从中共十九届中央第三轮巡视的3个中央单位和42家中管企业的巡视反馈情况看，学习贯彻习近平新时代中国特色社会主义思想和党的十九大精神不够深入，落实党中央重大决策部署不够到位，推进改革还不彻底，同样是一个比较集中的问题。

中央巡视组通过中共十九大后的多轮巡视查找政治偏差，督促被巡视党组织持续深入学习贯彻习近平新时代中国特色社会主义思想和党的十九大精神，从政治上研究分析学习贯彻中存在的问题，从政治纪律和政治规矩上确保党中央政令畅通。

1975年7月邓小平在中央军委扩大会议(1975)上指出："现在不只是组织纪律差，政治纪律也差。比如，中央说要落实政策，他就是不干。这是什么问题？这就是政治纪律问题。"①十八届六中全会通过的《关于新形势下党内政治生活的若干准则》强调，对党中央决策部署，任何党组织和任何党员都不准合意的执行、不合意的不执行，不准先斩后奏，更不准口是心非、阳奉阴违。属于部门和地方职权范围内的工作部署，要以贯彻党中央决策部署为前提，发挥积极性、主动性、创造性，但决不允许自行其是、各自为政，决不允许有令不行、有禁不止，决不允许搞上有政策、下有对策。

党的领导机关的一项重要政治任务是经常检查和改进基层组织的工作。中共十八大以来，从中央与地方的巡视工作开展情况来看，不少单位党组织在中共十九大召开前后已完成两次巡视。比较同一个单位党组织在中共十九大召开前后巡视反馈意见的异同，可以观察公职人员单位从

① 《邓小平文选》第2卷，人民出版社1994年版，第17页。

政环境治理上的变化。

二、巡视对单位从政环境的监测特点

党内巡视是上级党组织对下级单位党组织在党的领导、党的建设、管党治党等方面的全面政治体检，是一种自上而下的单位从政环境监测。巡视，既区别于主观性政治生态监测，也不同于其他类型的客观性政治生态监测，具有一系列独特的监测特点：

（一）监测的权威性

只有党的中央和省、自治区、直辖市委员会实行巡视制度，建立专职巡视机构，对所管理的地方、部门、企事业单位党组织进行巡视监督。巡视机构严格对照单位党组织及领导干部在落实全面从严治党主体责任、监督责任，遵守党的六项纪律方面情况，形成巡视的反馈意见，列出问题清单。巡视组在单位进行巡视后基于监测结果形成的反馈意见要得到上级党组织的认可。这些因素保证了巡视机构对单位从政环境的监测结论具有权威性，为单位党组织在巡视巡察后完成整改工作提供指引。

（二）监测的科学性

中央巡视工作领导小组办公室设在中央纪律检查委员会，省、自治区、直辖市党委巡视工作领导小组办公室为党委工作部门，设在同级党的纪律检查委员会。因为纪检监察机关是单位政治生态监测与研判专职机构，因此，这样的机构设置有利于巡视组开展政治生态的监测工作。根据2020年2月中共中央办公厅印发的《纪检监察机关处理检举控告工作规则》的要求，纪检监察机关应当具有全面掌握被监督单位政治生态情况并对其进行科学研判的能力。《纪检监察机关处理检举控告工作规则》要求，纪检监察机关在开展日常监督工作中应当对检举控告情况进行收集、研判，综合各方面信息，全面掌握被监督单位政治生态情况和被监督对象的思想、工作、作风、生活情况，提高监督的针对性和实效性。纪检监察机关建设覆盖纪检监察系统的检举举报平台，运用互联网技术和信息化手段，畅通检举控告渠道，规范处理检举控告工作，及时发现问题线索，科学研判政治生态。

（三）监测的规范性

为了规范巡视工作，巡视一方与被巡视一方都有行为上的相应要求。巡视组成员的职务行为有党纪要求，对应当发现的问题却没有发现的情形，要承担相应的责任。被巡视单位必须主动配合"政治体检"过程，不得进行阻挠或对抗。《中国共产党巡视工作条例》要求，被巡视党组织领导班子及其成员应当自觉接受巡视监督，积极配合巡视组开展工作。党员有义务向巡视组如实反映情况。

（四）监测的多层性

由于"党是领导一切的"、"支部建在连上"，单位党组织是广泛的、多层的，巡视巡察也应当是全面的、延伸的。无论是中央级单位党组织、地方级单位党组织，还是村居级单位党组织，都属于党内监督的范围。当前一些地方省级以下党委延伸巡察村居级单位党组织，打通了巡视巡察监督"最后一公里"，通过"巡镇带村""巡街带居"方式，发现一批群众反映强烈的突出问题，并推动这些问题的解决。

（五）监测的全面性

党内巡视制度早已形成，但是"巡视全覆盖"出现在中共十八大之后。十八届三中全会上通过的《中共中央关于全面深化改革若干重大问题的决定》提出，要实现巡视制度对地方、部门、企事业单位全覆盖。十八届六中全会审议通过的《中国共产党党内监督条例》，首次在党内法规层面对一届任期内实现巡视全覆盖作出规定。十八届中央第十二轮巡视工作结束后，标志着中央如期在一届任期内实现巡视全覆盖目标。这在党的历史上是第一次。

（六）监测的连续性

党的中央和省、自治区、直辖市委员会在一届任期内对所管理的地方、部门、企事业单位党组织全面巡视。针对某一单位党组织的巡视工作，可以每隔数年连续进行。除了常规巡视，还有专项巡视，有时还要对一些单位党组织进行“回头看”。因此，针对某一单位党组织的巡视在一定时期内也是可以多次开展的。

（七）监测的应用性

巡视工作领导小组组长由同级党的纪律检查委员会书记担任，副组长一般由同级党委组织部部长担任；中央及省级党委巡视工作领导小组负责人，由纪委与组织部主要负责人担任。这样的制度安排为巡视组向纪委、组织部移交问题线索搭建了桥梁，能够很好地推动巡视成果的实现，促进单位党组织的巡视整改工作。另外，通过多次巡视结果的分析与比较，可以从单位问题状况、风险状况、治理状况的变迁来观察单位组织环境、制度环境在巡视巡察前后的变化以及巡视整改取得的实际成效。

三、巡视背景下单位从政环境的监测内容

2009 年 7 月《中国共产党巡视工作条例（试行）》出台。“巡视”正式成为一种党内监督的制度。同年，原来的“中央纪委、中央组织部巡视组”更名为“中央巡视组”。十八届三中全会上形成的《中共中央关于全面深化改革若干重大问题的决定》提出，要实现巡视制度对地方、部门、企事业单位全覆盖。从《中国共产党巡视工作条例（试行）》明确的巡视监督的内容看，主要是针对地方、部门和企事业单位的党组织及其领导班子成员从以下三方面开展巡视。一是党组织发挥领导作用方面。监督单位党组织贯彻执行党的路线方针政策和决议、决定的情况，特别是贯彻落实邓小平

理论、“三个代表”重要思想以及科学发展观的情况。二是党组织的自身建设方面。监督执行民主集中制的情况；选拔任用干部的情况。三是党组织及党员干部履行从严治党责任以及保持自身廉洁方面。监督执行党风廉政建设责任制和自身廉政勤政的情况；开展作风建设的情况。显然，当时巡视监督主要指向单位的组织环境，要求党组织发挥出应有的领导、建设、治党功能，因为履行职责使命是党组织最根本、最全面的政治责任。

2017 年 7 月，为发挥巡视监督在全面从严治党中的利剑作用，从深化政治巡视的角度，党中央决定对《中国共产党巡视工作条例（试行）》进行修改。针对巡视监督的内容，修改为：巡视组对巡视对象执行《中国共产党章程》和其他党内法规，遵守党的纪律，落实全面从严治党主体责任和监督责任等情况进行监督，着力发现党的领导弱化、党的建设缺失、全面从严治党不力，党的观念淡漠、组织涣散、纪律松弛，管党治党宽松软问题。着重发现：违反政治纪律和政治规矩，存在违背党的路线方针政策的言行，有令不行、有禁不止，阳奉阴违、结党营私、团团伙伙、拉帮结派，以及落实意识形态工作责任制不到位等问题；违反廉洁纪律，以权谋私、贪污贿赂、腐化堕落等问题；违反组织纪律，违规用人、任人唯亲、跑官要官、买官卖官、拉票贿选，以及独断专行、软弱涣散、严重不团结等问题；违反群众纪律、工作纪律、生活纪律，落实中央八项规定精神不力，搞形式主义、官僚主义、享乐主义和奢靡之风等问题；派出巡视组的党组织要求了解的其他问题。相比 2009 年版巡视工作条例，2017 年版巡视工作条例加强了对单位党组织执行、维护党章党规，尤其是党纪方面的巡视。显然，中共十九大后，中共中央突出了巡视所具有的政治监督、组织监督、纪律监督的本质特征。不仅继续强调要对单位党组织在发挥组织功能方面的监督，而且加强了对单位党组织及党员干部在遵守、执行、维护党章党规党纪方面的监督。

本书研究结合新修订的《中国共产党巡视工作条例》，以及中共十九大后上级党组织对单位党组织的巡视反馈意见，将巡视监督的监测内容归纳为两个方面：一是单位组织环境监测。重点监测单位党组织及党员干部加强党的领导、加强党的建设、落实全面从严治党主体责任与监督责任情况。二是单位制度环境监测。重点巡视单位党组织及党员干部在党的领导、党的建设、全面从严治党三个方面执行党章党规，尤其是遵守、维护党的“六项纪律”的情况。

当然，作为公职人员从政环境的组成部分，单位组织环境与单位制度环境，并不是相互独立、彼此割裂的状态，而是“你中有我，我中有你”。在组织环境视野中有制度的“印迹”，在制度环境中有组织的“身影”。之所以将两者界定为从政环境中两个组成部分，是从监测的角度，强调侧重点上的差异。

（一）单位组织环境的监测内容

1. 加强党的领导情况

党的领导是中国特色社会主义最本质的特征，是中国特色社会主义制度的最大优势。坚持党的领导是当代中国最重大的政治原则，单位党组织必须从政治高度突出党的领导。坚持党的领导，维护党中央权威和集中统一领导是根本。要监测单位党组织及其各级党员领导干部，是否坚守政治信仰、站稳政治立场、树立政治意识，自觉增强政治警觉性和政治鉴别力，贯彻落实意识形态工作责任制，在思想上政治上行动上与党中央保持高度一致；要监测单位党组织，是否发挥领导核心作用，结合单位实际与工作实际，协调各方力量，把党的路线方针政策和中央决策部署落实到位。

2019 年 7 月 9 日习近平总书记在中央和国家机关党的建设工作会议上的讲话中指出：“中央和国家机关是践行‘两个维护’的第一方阵。如果党的理论和路线方针政策在这里失之毫厘，到了基层就可能谬以千里；如果贯彻落实的第一棒就掉了链子，‘两个维护’在‘最先一公里’就可能落空。”[①]2019 年 9 月至 11 月十九届党中央对 37 个中央和国家单位党组织[②]开展了十九大后第四轮中央巡视，在单轮巡视中全部安排集中对中

① 习近平：《在中央和国家机关党的建设工作会议上的讲话》，《求是》2019 年第 21 期。

② 2019 年 9 月至 11 月，中央 15 个巡视组对 37 个中央和国家单位党组织开展常规巡视。参见中央纪委国家监委网站，《十九届中央第四轮巡视反馈情况全部公布》，http://www.ccdi.gov.cn/toutiao/202001/t20200110_207506.html，发布时间为 2020 年 1 月 10 日。

央和国家机关开展巡视，这在党的十九大以来尚属首次。2020 年 5 月至 7 月十九届中央第五轮巡视再次集中对 35 个中央和国家机关单位党组织[①]开展常规巡视。

关于加强党的领导情况，在十九届中央第四轮巡视中发现的问题主要有：有的被巡视单位学习贯彻习近平新时代中国特色社会主义思想和党的十九大精神不够系统扎实；贯彻落实党中央重大决策部署存在薄弱环节；党组领导作用发挥还不够充分，对直属单位领导班子建设和基层党建督导不力；机关化、行政化问题仍然存在，联系服务群众能力不够强，团结引领广大群众的新思路新办法不够多，统筹推进改革不够有力；意识形态工作责任未层层压实，阵地建设和管理不到位。在十九届中央第五轮巡视中发现的问题主要有：学习贯彻习近平新时代中国特色社会主义思想和习近平总书记重要指示批示精神不够深入；结合实际贯彻落实党中央重大决策部署不够扎实，解决新情况新问题的能力不够强；履行核心职能不够全面；推进深化改革存在薄弱环节。

2. 加强党的建设情况

从党的执政基础来看，中国单位在工作性质、大小规模、层次级别上存在着差异，但是，它们都是中国共产党执政的平台。中国共产党领导的中国特色社会主义事业就是要依靠一个又一个单位党组织来推进的，它们承担着决策、执行、监督等重要权责。重视党组织建设，既是巩固党的执政根基，也是党在推进革命、建设、改革事业中的重要法宝。从政治要求上，重视单位党组织建设，就是重视党的执政平台建设。为了增强单位党组织的政治功能，增强创造力凝聚力战斗力，要在贯彻党中央要求的前提下，结合单位实际，监测单位党组织：是否在政治建设、思想建设、组织建设、作风建设、纪律建设、制度建设方面已经抓深、抓紧、抓实、抓严、抓牢？是否已推动党组织功能的组织化、制度化、具体化？为了增强党员领导干部“关键少数”作用，做到为民、务实、清廉，切实担负起时代和历史赋

① 2020 年 5 月至 7 月，中央 15 个巡视组对 35 个中央和国家单位党组织开展常规巡视。参见中央纪委国家监委网站，《十九届中央第五轮巡视反馈情况全部公布》，http://www.ccdi.gov.cn/toutiao/202008/t20200823_224256.html，发布时间为 2020 年 8 月 23 日。

予的重任，要监测单位党员领导干部：是否做到政治合格、执行纪律合格、品德合格、发挥作用合格？2019 年 2 月，党中央印发《关于加强和改进中央和国家机关党的建设的意见》。2019 年 7 月 9 日由党中央召开中央和国家机关党的建设工作会议，在党的历史上还是第一次。

关于加强党的建设情况，在十九届中央第四轮巡视中发现的问题主要有：党员教育管理有盲区；落实新时代党的组织路线不够到位，打造高素质专业化干部队伍还有差距；领导班子合力不够强，领导班子建设有待进一步加强；落实党建工作责任制不够到位；基层党建存在薄弱环节，有的基层党组织战斗堡垒作用不强；机构设置不够科学；工作作风不够扎实；部分领域存在廉洁风险；执行选人用人制度不够严格，激发干部担当作为制度机制不健全；执行民主集中制不够到位；选人用人坚持政治标准不够；干部日常管理不够严格，有的干部履职尽责不够。在十九届中央第五轮巡视中发现的问题主要有：领导班子建设有待加强，执行民主集中制不够严格；贯彻新时代党的组织路线不够到位，领导班子和干部队伍建设有待加强；执行选人用人规定不够规范，干部人才队伍建设和基层党建还有薄弱环节；党建工作责任制落实不够到位，基层党建工作比较薄弱；党建工作抓得不实，营造干事创业氛围不够。

3. 落实全面从严治党主体责任与监督责任情况

中国共产党区别于世界上其他政党之处在于其具有自我革命的精神。坚持自我革命是马克思主义政党性质的必然要求。一个马克思主义政党，要保持先进性和纯洁性，得到人民拥护和支持，实现长期执政，完成崇高使命，必须一刻不放松地解决自身存在的问题，以勇于自我革命的精神实现自我净化、自我完善、自我革新、自我提高。全面从严治党是坚持和完善党的领导的根本保障，是减少腐败存量、遏制腐败增量、重构政治生态的有力支撑。净化中国政治生态，既需要有宏观的顶层设计，也需要从单位小环境入手，进而推动整个中国政治生态的重构。单位党组织必须强化管党治党的责任担当。《关于新形势下党内政治生活的若干准则》要求，党的各级组织和纪律检查机关要加强纪律执行情况的监督和检查，坚决防止和纠正执行纪律宽松软的问题。

巡视的过程就是全面从严治党的过程。巡视要监测单位党委是否担负起全面从严治党主体责任，不折不扣执行《关于新形势下党内政治生活的若干准则》，增强党内政治生活的政治性、时代性、原则性、战斗性。党的各级纪律检查委员会的职责是监督、执纪、问责，要对党的组织和党员领导干部履行职责、行使权力进行监督，受理处置党员群众检举举报，开展谈话提醒、约谈函询；检查和处理党的组织和党员违反党的章程和其他党内法规的比较重要或复杂的案件，决定或取消对这些案件中的党员的处分；进行问责或提出责任追究的建议；受理党员的控告和申诉；保障党员的权利。巡视要监测单位纪委是否落实全面从严治党监督责任，是否不折不扣执行《中国共产党党内监督条例》，不断增强全面从严治党的系统性创造性实效性，推进全面从严治党向纵深发展。

关于全面从严治党的责任落实情况，在十九届中央第四轮巡视中发现的问题主要有：管党治党意识不够强，落实全面从严治党战略部署不够严实，“一岗双责”不到位，压力传导层层递减；纪检监察机构履行监督职责不够精准，监督和制约机制不够健全，监督执纪偏松偏软，对部分环节和人员管控不够严格。在十九届中央第五轮巡视中发现的问题主要有：贯彻落实全面从严治党战略部署存在差距，“两个责任”落实不够到位；压力传导不到底，监督合力还未充分发挥；汲取腐败案件教训不够深刻，强化权力监督制约和防范廉政风险不够到位。

（二）单位制度环境的监测内容

没有规矩，不成方圆。党章党规党纪对党组织建设、党员干部行为作了规范。所谓统一思想、统一行动，首先是要把全党同志的思想认识统一到党章党规党纪上来。中国共产党是肩负历史使命的政党组织，只有严守纪律、严明规矩，才能保持思想上高度统一、行动上协调一致，为完成使命凝聚起强大力量。各级单位只有能够营造出守纪律、讲规矩的氛围，才能形成优良的单位制度环境，为公职人员从政提供优良政治生态。

1. 违反党章党规情况

党章是党的总章程，是管党治党的总规矩，是各级党组织的根本遵循。同时，中国共产党还依照党章精神制定了其他党内法规。《中国共产党党内法规执行责任制规定（试行）》第七条规定，党组（党委）对本单位（本系统）执行有关党内法规负主体责任，领导、组织、推进本单位（本系统）党内法规执行工作。第八条规定，街道、乡镇党的基层委员会和村、社区党组织，国有企业党委，实行党委领导下的行政领导人负责制的事业单位党组织，对本地区本单位执行有关党内法规负主体责任，领导、组织、推进本地区本单位党内法规执行工作。其他单位中党的基层组织按照规定推动有关党内法规在本单位的执行。

单位党组织贯彻好、执行好党章以及依照党章精神制定的其他党内法规，是衡量单位制度环境净化、优化的重要标志。

党章要求，党要按照德才兼备、以德为先的原则选拔干部，坚持五湖四海、任人唯贤，坚持事业为上、公道正派，反对任人唯亲，努力实现干部队伍的革命化、年轻化、知识化、专业化。关于新时代党的组织路线，2018年7月习近平在全国组织工作会议上指出：全面贯彻新时代中国特色社会主义思想，以组织体系建设为重点，着力培养忠诚干净担当的高素质干部，着力集聚爱国奉献的各方面优秀人才，坚持德才兼备、以德为先、任人唯贤，为坚持和加强党的全面领导、坚持和发展中国特色社会主义提供坚强组织保证。在2019年9月至11月进行的十九届中央第四轮巡视中发现，有的单位干部选拔任用工作不够规范；有的单位选人用人坚持政治标准不够；有的单位选人用人坚持好干部标准不够。显然，对照党章党规，这些单位的履职行为存在差距。关于选人用人的政治标准问题，大到关系党的基本路线能否长期贯彻执行，关系国家能否长治久安，小到会成为影响单位政治生态的风向标。

为了体现选人用人上的导向性，避免干部任用中"劣币驱逐良币"现象，中共十九大之后，中国共产党采取了如下的措施：

一是在干部选拔任用上体现政治标准。2019年1月31日中共中央印发实施的《中共中央关于加强党的政治建设的意见》要求，始终把政治标准放在第一位，注重选拔任用牢固树立"四个意识"、自觉坚定"四个自信"、坚决做到"两个维护"、全面贯彻执行党的理论和路线方针政策、忠诚干净担当的干部，对政治不合格的干部实行“一票否决”，对已经在领导岗位的坚决调整。2014 年 1 月经修改后印发的《党政领导干部选拔任用工作条例》要求，突出政治标准，提拔重用树牢“四个意识”、坚定“四个自信”、坚决做到“两个维护”、全面贯彻执行党的理论和路线方针政策的干部。将具有共产主义远大理想和中国特色社会主义坚定信念，坚定道路自信、理论自信、制度自信、文化自信，坚决贯彻执行党的理论和路线方针政策，立志改革开放，献身现代化事业，在社会主义建设中艰苦创业，树立正确政绩观，作出经得起实践、人民、历史检验的实绩，作为党政领导干部必须具备的基本条件。2019 年 5 月 13 日起施行的《干部选拔任用工作监督检查和责任追究办法》规定，对违规选人用人问题，党委（党组）负全面领导责任，领导班子主要负责人和直接主管的班子成员承担主要领导责任，参与决策的领导班子其他成员承担领导责任。组织（人事）部门、纪检监察机关、干部考察组有关负责人和其他责任人员在各自职责范围内承担相应责任。

二是在干部考核上体现政治标准。中国共产党对干部的考核，突出对维护党中央权威、对党中央决策部署贯彻执行情况的考核。2019 年 4 月 7 日起施行的《党政领导干部考核工作条例》要求，全面考核领导班子坚决维护习近平总书记党中央的核心、全党的核心地位，坚决维护党中央权威和集中统一领导，坚持和加强党的全面领导，执行党的理论和路线方针政策，增强“四个意识”，做到“四个服从”，遵守政治纪律和政治规矩的情况。考核领导干部的政治品质，重点了解坚定理想信念、对党忠诚、尊崇党章、遵守政治纪律和政治规矩，在思想上政治上行动上同以习近平同志为核心的党中央保持高度一致等情况。贯彻落实党中央决策部署成效不明显的，领导班子和领导干部年度考核结果不得确定为优秀等次。

三是在干部管理与监督工作中体现政治标准。中国共产党要求党员干部始终对党忠诚老实，决不允许在重大政治原则问题上、大是大非问题上同党中央唱反调，搞自由主义，始终在政治立场、政治方向、政治原则、政治道路上同党中央保持高度一致；决不允许背离党中央要求另搞一套，必须遵循组织程序，决不允许擅作主张、我行我素。中共十九大召开之前，2015 年 7 月中共中央办公厅印发的《推进领导干部能上能下若干规定（试行）》，首次以中央党内法规形式就领导干部能上能下作出专门规定。《推进领导干部能上能下若干规定（试行）》要求，对不严格遵守党的政治纪律和政治规矩，不坚决执行党的基本路线和各项方针政策，不能在思想上政治上行动上同党中央保持高度一致的；理想信念动摇，在重大原则问题上立场不坚定，关键时刻经不住考验的干部，经组织提醒、教育或者函询、诫勉没有改正，被认定为不适宜担任现职的，必须及时予以调整。中共十九大召开之后，2018 年 5 月 18 日中共中央办公厅发布的《关于进一步激励广大干部新时代新担当新作为的意见》要求，坚持优者上、庸者下、劣者汰，对巡视等工作中发现的贯彻执行党的路线方针政策和决策部署不坚决不全面不到位等问题，组织部门要及时跟进，对不担当不作为的干部，根据具体情节该免职的免职、该调整的调整、该降职的降职，使能上能下成为常态。中国共产党不准任人唯亲、搞亲亲疏疏，不准封官许愿、跑风漏气、收买人心，不准个人为干部提拔任用打招呼、递条子。领导干部不得干预曾经工作生活过的地方、曾经工作过的单位和不属于自己分管领域的干部选拔任用工作。坚持不懈整治选人用人上的不正之风，对任人唯亲、说情打招呼、跑官要官、买官卖官、拉票贿选等行为发现一起查处一起。2018 年 10 月 1 日起施行的《中国共产党纪律处分条例》第七十六条规定，在干部选拔任用工作中，有任人唯亲、排斥异己、封官许愿、说情干预、跑官要官、突击提拔或者调整干部等违反干部选拔任用规定行为，对直接责任者和领导责任者，情节较轻的，给予警告或者严重警告处分；情节较重的，给予撤销党内职务或者留党察看处分；情节严重的，给予开除党籍处分。用人失察失误造成严重后果的，对直接责任者和领导责任者，依照前款规定处理。中国共产党决不允许在党内培植个人势力，坚决防止党内形成利益集团攫取政治权力、改变党的性质，坚决防止山头主义和宗派主义危害党的团结、破坏党的集中统一。

单位中党的各级领导干部是营造风清气正从政环境的关键力量，贯彻好、执行好党章以及依照党章精神制定的其他党内法规，是衡量单位制度环境净化、优化的重要标志。习近平总书记借鉴古人的政治智慧指出：

“上有所好，下必甚焉。上有不好，下必效焉。各级都要带好这个头。”[①]他指出，党要管党、从严治党怎么抓？就从中央政治局抓起，正所谓：“子帅以正，孰敢不正？”他从马克思主义执政党要有人格力量的角度，认为人格力量集中在我们党的优良作风。中央政治局的同志要带头把党的优良作风继承下来、发扬下去。“全党看着中央政治局，要求全党做到的，中央政治局首先要做到。”[②]他针对新一届中央领导集体指出：“新一届中央领导集体要定规矩，这（指《十八届中央政治局关于改进工作作风、密切联系群众的八项规定》）是很重要的规矩。没有规矩，不成方圆。……规矩是起约束作用的，所以要紧一点。紧一点自然就不舒服了，舒适度就有问题了，就是要不舒服一点、不自在一点，我们不舒服一点、不自在一点，老百姓的舒适度就好一点、满意度就高一点，对我们的感觉就好一点。这也是新形象新气象。”[③]他还特别指出，“各级领导干部要以身作则、率先垂范，说到的就要做到，承诺的就要兑现，中央政治局同志从我本人做起”。[④]

党章要求全党要用习近平新时代中国特色社会主义思想和党的基本路线统一思想，统一行动，同时要求党的各级领导干部带头贯彻落实习近平新时代中国特色社会主义思想，努力用马克思主义的立场、观点、方法分析和解决实际问题，并且要坚持解放思想，实事求是，与时俱进，开拓创新，认真调查研究，能够把党的方针、政策同本地区、本部门的实际相结合，卓有成效地开展工作，讲实话，办实事，求实效。在十九届中央第四轮巡视中发现，有的单位领导干部自觉运用习近平新时代中国特色社会主义思想所蕴含的立场观点方法分析形势、破解难题、服务大局不够，统筹

---

① 习近平：《在中央军委扩大会议上的讲话》（2012 年 12 月 26 日），参见中共中央纪律检查委员会、中共中央文献研究室编《习近平关于党风廉政建设和反腐败斗争论述摘编》，中央文献出版社、中国方正出版社 2015 年版，第 68 页。

② 习近平：《在第十八届中央纪律检查委员会第三次全体会议上的讲话》（2014 年 1 月 14 日），参见中共中央纪律检查委员会、中共中央文献研究室编《习近平关于党风廉政建设和反腐败斗争论述摘编》，中央文献出版社、中国方正出版社 2015 年版，第 78 页。

③ 习近平：《在中央政治局会议上关于改进工作作风、密切联系群众的讲话》（2012 年 12 月 4 日），参见中共中央纪律检查委员会、中共中央文献研究室编《习近平关于党风廉政建设和反腐败斗争论述摘编》，中央文献出版社、中国方正出版社 2015 年版，第 67 页。

④ 习近平：《在第十八届中央纪律检查委员会第二次全体会议上的讲话》（2013 年 1 月 22 日），参见中共中央纪律检查委员会、中共中央文献研究室编《习近平关于党风廉政建设和反腐败斗争论述摘编》，中央文献出版社、中国方正出版社 2015 年版，第 71 页。

国内国际两个大局履行职责使命有差距；有的单位领导干部结合实际创造性贯彻落实存在差距；有的单位领导干部形式主义、官僚主义问题禁而未绝。显然，对照党章党规，这些单位领导干部的履职行为存在着差距。

2019 年 9 月 4 日施行的《中国共产党问责条例》规定，党组织、党的领导干部违反党章和其他党内法规，不履行或者不正确履行职责，有下列情形之一，①应当予以问责。从《中国共产党问责条例》设定的问责情形来看，主要是针对党组织、党的领导干部在党的领导、党的建设（涉及党的政治建设、思想建设、组织建设、作风建设、纪律建设、反腐倡廉建设的问题）、全面从严治党（党组织的主体责任与监督责任问题、党的领导干部的履职不力问题以及党组织与党的领导干部涉及群众利益的作为与作风问题）三个方面的履职行为是否违反党章党规进行监督。这 11 种情形中涉及的具体职务行为，都是属于违反党章党规的行为，如果“造成严重损

---

① 《中国共产党问责条例》第七条规定了以下 11 种问责情形：（一）党的领导弱化，“四个意识”不强，“两个维护”不力，党的基本理论、基本路线、基本方略没有得到有效贯彻执行，在贯彻新发展理念，推进经济建设、政治建设、文化建设、社会建设、生态文明建设中，出现重大偏差和失误，给党的事业和人民利益造成严重损失，产生恶劣影响的；（二）党的政治建设抓得不实，在重大原则问题上未能同党中央保持一致，贯彻落实党的路线方针政策和执行党中央重大决策部署不力，不遵守重大事项请示报告制度，有令不行、有禁不止，阳奉阴违、欺上瞒下，团团伙伙、拉帮结派问题突出，党内政治生活不严肃不健康，党的政治建设工作责任制落实不到位，造成严重后果或者恶劣影响的；（三）党的思想建设缺失，党性教育特别是理想信念宗旨教育流于形式，意识形态工作责任制落实不到位，造成严重后果或者恶劣影响的；（四）党的组织建设薄弱，党建工作责任制不落实，严重违反民主集中制原则，不执行领导班子议事决策规则，民主生活会、“三会一课”等党的组织生活制度不执行，领导干部报告个人有关事项制度执行不力，党组织软弱涣散，违规选拔任用干部等问题突出，造成恶劣影响的；（五）党的作风建设松懈，落实中央八项规定及其实施细则精神不力，“四风”问题得不到有效整治，形式主义、官僚主义问题突出，执行党中央决策部署表态多调门高、行动少落实差，脱离实际、脱离群众，拖沓敷衍、推诿扯皮，造成严重后果的；（六）党的纪律建设抓得不严，维护党的政治纪律、组织纪律、廉洁纪律、群众纪律、工作纪律、生活纪律不力，导致违规违纪行为多发，造成恶劣影响的；（七）推进党风廉政建设和反腐败斗争不坚决、不扎实，削减存量、遏制增量不力，特别是对不收敛、不收手，问题线索反映集中、群众反映强烈，政治问题和经济问题交织的腐败案件放任不管，造成恶劣影响的；（八）全面从严治党主体责任、监督责任落实不到位，对公权力的监督制约不力，好人主义盛行，不负责不担当，党内监督乏力，该发现的问题没有发现，发现问题不报告不处置，领导巡视巡察工作不力，落实巡视巡察整改要求走过场、不到位，该问责不问责，造成严重后果的；（九）履行管理、监督职责不力，职责范围内发生重特大生产安全事故、群体性事件、公共安全事件，或者发生其他严重事故、事件，造成重大损失或者恶劣影响的；（十）在教育医疗、生态环境保护、食品药品安全、扶贫脱贫、社会保障等涉及人民群众最关心最直接最现实的利益问题上不作为、乱作为、慢作为、假作为，损害和侵占群众利益问题得不到整治，以言代法、以权压法、徇私枉法问题突出，群众身边腐败和作风问题严重，造成恶劣影响的；（十一）其他应当问责的失职失责情形。

失”、“造成严重后果”、“产生恶劣影响”的，将被问责。如果巡视组在单位巡视中发现这11种情形中涉及的职务行为，必然会反映到巡视反馈意见之中，因为这些都属于违反党章党规的行为。《中国共产党问责条例》围绕巡视工作，在问责情形中强调“落实巡视巡察整改要求走过场、不到位”是违反党章和其他党内法规的问责情形。单位巡视反馈意见中反映的问题都是涉及违反党章党规的问题，如果该单位在巡视之后还不积极按照巡视反馈意见落实整改要求，就是“错上加错”，是特别明显的违反党章党规的行为。

关于违反党章党规的情况，在十九届中央第四轮巡视中发现的问题主要有：落实巡视、审计整改责任有差距，对上次巡视发现问题的整改不到位，整改举一反三不够，整改实效不够明显，整改长效机制不健全。在十九届中央第五轮巡视中发现的问题主要有：对中央巡视和审计发现的部分问题整改不到位；对于存在的问题边改边犯；整改长效机制建设需进一步健全。

2. 违反党纪情况

党的纪律是党的各级组织和全体党员必须遵守的行为规则，是维护党的团结统一、完成党的任务的保证。管党治党，靠什么管、靠什么治？要靠严明纪律。全面从严治党，纪律建设是治本之策。中国共产党以纪严于法、纪在法前的思路，在中共十八大之后，先后两次修订了《中国共产党纪律处分条例》。《中国共产党纪律处分条例》对党员违反政治纪律、组织纪律、廉洁纪律、群众纪律、工作纪律、生活纪律的情形及其处分进行了明确的规定。党员除了违反党纪之外，如果违反国家法律法规，违反企事业单位或者其他社会组织的规章制度受到其他纪律处分，应当追究党纪责任的，党组织在对有关方面认定的事实、性质和情节进行核实后，依照规定给予党纪处分或者组织处理。党纪处分的对象不仅是党员，也包括党的组织。党纪明确规定，对违犯党纪的党组织和党员必须严肃、公正执行纪律，党内不允许有任何不受纪律约束的党组织和党员。党组织和党员违反党章和其他党内法规，违反国家法律法规，违反党和国家政策，违反社会主义道德，危害党、国家和人民利益的行为，依照规定应当给予纪律处理或者处分的，都必须受到追究。

加强巡视监督，必须把党纪挺在前面，把单位党组织及其党员模范遵守党纪作为衡量单位制度环境净化、优化的重要标尺。按照《中国共产党巡视工作条例》的要求，巡视组要对单位巡视对象遵守党的“六项纪律”情况进行监督。

党组织必须严格执行和维护党的纪律。党章规定，党组织如果在维护党的纪律方面失职，必须问责。对于违犯党的纪律的党组织，上级党组织应当责令其作出检查或者进行通报批评。对于严重违犯党的纪律、本身又不能纠正的党组织，上一级党的委员会在查明核实后，根据情节严重的程度，可以予以：（一）改组；（二）解散。单位党组织在担负起管党治党的政治责任、自觉维护党纪方面，能否自觉维护政治纪律，抵制地方、部门、单位的圈子文化？能否自觉维护廉洁纪律，抵制腐败现象和不正之风？能否自觉维护组织纪律，抵制对组织不忠诚、破坏党的团结统一的行为？能否自觉维护群众纪律，抵制侵害人民群众正当权益与利益的行为？能否自觉维护工作纪律，抵制违反党的财经纪律、宣传纪律、外事纪律、保密纪律的行为？能否自觉维护生活纪律，纯洁社会圈、净化生活圈、规范工作圈、管住活动圈？这些方面是衡量单位制度环境是否净化、优化的重要标志。

党的干部是党的事业的骨干，是人民的公仆，要做到忠诚干净担当。党员干部是否具有党章党规党纪意识？是否违反政治纪律和政治规矩、存在破坏政治生态的行为？是否违反廉洁纪律、存在以权谋私的行为？是否违反组织纪律、存在软弱涣散的行为？是否违反群众纪律、存在形式主义的行为？是否违反工作纪律、存在官僚主义的行为？是否违反生活纪律、存在享乐主义的行为？这些方面都是衡量单位制度环境是否良好的重要标志。

关于违反党纪的情况，在十九届中央第四轮巡视中发现的问题主要有：有的直属单位违纪问题多发，违反中央八项规定精神问题仍有发生；巡视组收到反映一些领导干部的问题线索，已按有关规定转中央纪委国家监委、中央组织部等有关方面处理。[①] 在十九届中央第五轮巡

① 除了中央外事工作委员会办公室外，其他36个单位都有这条巡视反馈意见。

视中发现的问题主要有：一些领域存在廉洁风险，形式主义、官僚主义问题仍然存在；违反中央八项规定精神问题依然存在。习近平总书记要求："巡视组要当好中央的'千里眼'，找出'老虎'、'苍蝇'，抓住违纪违法问题线索。"[①]"巡视发现的问题线索，凡是违纪违法的都要严肃查处。不要怕问题多，问题多的单位可以把握节奏。要一网打尽，有多少就处理多少。"[②]

四、巡视的治理功能

巡视监督是对单位政治生态或从政环境是否存在政治偏差进行测量的重要方式，定期测量并公布测量结果有助于推动治理变革以遏制偏离的程度或防止"出轨"的可能。因此，巡视不仅仅是识别单位运行中偏离正常状态的种种表现，而且也是对单位从政环境治理能力的检视，并在此基础上有助于推动治理变革。

（一）巡视的整改功能

巡视后，如果单位不按照规定进行整改，效果比不巡视还坏。巡视后整改可以提升监督工作实效，推动政治生态不断优化。从中共十九大以后的中央第一轮巡视开始，党中央要求完善巡视整改情况报告制度，综合用好巡视成果，加强监督检查十八届中央巡视整改落实情况，通过强化整改问责，确保巡视成果落实落地。

从中共十九大后第一轮中央巡视情况来看，14 个省区都存在上一轮

---

① 习近平：《在中央政治局常委会审议〈关于中央巡视工作领导小组第一次会议研究部署巡视工作情况的报告〉时的讲话》（2013 年 4 月 25 日），参见中共中央纪律检查委员会、中共中央文献研究室编《习近平关于党风廉政建设和反腐败斗争论述摘编》，中央文献出版社、中国方正出版社 2015 年版，第 108 页。

② 习近平：《在中央政治局常委会审议〈关于 2013 年上半年中央巡视组巡视情况的综合报告〉时的讲话》（2013 年 9 月 26 日），参见中共中央纪律检查委员会、中共中央文献研究室编《习近平关于党风廉政建设和反腐败斗争论述摘编》，中央文献出版社、中国方正出版社 2015 年版，第 110 页。

中央巡视反馈意见整改不到位、不彻底、不全面、做表面文章等问题。例如，山东省巡视整改存在做表面文章现象；湖南省对十八届中央巡视发现的“三超两乱”等问题整改落实不够到位。

十九届中央第三轮巡视对 3 个中央单位和 42 家中管企业党组织进行常规巡视，完成了对中管企业的巡视全覆盖。被发现的一个共性问题是，对巡视、审计中发现的问题整改落实不彻底，有的问题边改边犯。例如，中国石油天然气集团有限公司党组履行中央巡视整改主体责任有偏差，对有的问题整改缺乏一抓到底的决心和韧劲；国家电网有限公司党组上次巡视反馈问题整改落实打折扣，落实整改主体责任不到位，履行整改监督责任有欠缺；华润（集团）有限公司落实整改责任不到位，巡视“后半篇文章”做得不够实，存在边改边犯等问题。

中共十九大后修订完善的《中国共产党纪律处分条例》第五十五条规定，干扰巡视巡察工作或者不落实巡视巡察整改要求，情节较轻的，给予警告或者严重警告处分；情节较重的，给予撤销党内职务或者留党察看处分；情节严重的，给予开除党籍处分。中共十九大后修订完善的《中国共产党问责条例》第七条规定，落实巡视巡察整改要求走过场、不到位，该问责不问责，造成严重后果的，应当予以问责。

巡视整改中纪检监察机关担当了重要角色。党的十九大把运用监督执纪“四种形态”①写入党章，更加明确了纪检监察机关是政治机关，不是只负责处理第四种形态的办案机关。十九届中央纪委二次全会强调，“坚持惩前毖后、治病救人方针，深化运用监督执纪‘四种形态’”；十九届中央纪委三次全会强调，“贯通运用‘四种形态’，使监督更加聚焦、更加精准、更加有力”。

纪检监察机关运用第一种形态帮助一些游走在违纪边缘的干部悬崖勒马，体现了中国共产党惩前毖后、治病救人的一贯原则。整改中该约谈

① 2016 年 10 月 27 日，中国共产党第十八届中央委员会第六次全体会议审议通过了《中国共产党党内监督条例》，其中第七条规定，党内监督必须把纪律挺在前面，运用监督执纪“四种形态”，经常开展批评和自我批评、约谈函询，让“红红脸、出出汗”成为常态；党纪轻处分、组织调整成为违纪处理的大多数；党纪重处分、重大职务调整的成为少数；严重违纪涉嫌违法立案审查的成为极少数。

提醒的约谈提醒，该批评教育的批评教育，该责令检查的责令检查，该诫勉谈话的诫勉谈话，强化监督以遏制增量，同时，纪检监察机关运用监督执纪第四种形态严肃精准惩治巡视中发现的极少数严重违纪涉嫌违法人员，有效处置化解存量，起到教育大多数的作用。

根据中纪委国家监委网站公布的信息，从中共十九大以来，全国纪检监察机关运用监督执纪"四种形态"每年处理人次数在逐年增加，同时，第一种形态在"四种形态"中的占比也处于逐年提高的趋势，这体现了全面从严治党过程中对广大党员的严管厚爱。如下表3－1。

表3－1 全国纪检监察机关运用监督执纪"四种形态"情况(2018—2020)

	总处理人次	第一种形态占比	第二种形态占比	第三种形态占比	第四种形态占比
2018年	1 737 000	63.6%	28.5%	4.7%	3.2%
2019年	1 849 000	67.4%	25.0%	3.9%	3.7%
2020年	1 954 000	68.1%	24.8%	3.6%	3.5%

（二）巡视的一体化推进功能

从当前惩治腐败的需要来分析，首先是要构建不敢腐的惩戒机制。以高压的反腐态势迫使腐败者放弃侥幸心理，不再顶风作案，将长期潜伏于体制内外的腐败分子在较短的时期内尽可能地揭露并予以严惩，这就要求专业反腐败机构及时调整内部力量配置，积极地改革体制，提高腐败治理的能力。其次是要构建不能腐的防范机制。通过案件倒查机制，准确判断腐败易发多发的领域，发现腐败的发生机理与渠道，及时建章立制，堵塞制度漏洞，让腐败分子不能腐。第三，相对于前两种机制在时间要求上的紧迫性而言，构建不想腐的保障机制则是一项长期性的防治性工作，不可能在短时间内取得立竿见影的效果。因为构建不想腐的保障机制是处于治本阶段的工作，它需要在治标方面取得阶段性胜利，并且能够在较长时期使腐败情势得到有效控制、反腐成效得到巩固。

从中共十九大后全面从严治党的要求出发，中央巡视致力于达到一体化推进不敢腐、不能腐、不想腐的目标。

巡视的定位是发现问题，而不是查处问题，但它对查处问题发挥了极其重要的作用。从中央及省级巡视工作领导小组的主要组成人员来看，主要由中央及省级纪委书记、组织部部长担任，这为发现问题之后处置问题提供了组织保证。从中共十八届党中央组织的 12 轮巡视看，中央巡视组收到了大量的群众举报线索，同时也发现了不少违纪违法的问题，中央纪委的立案案件中，60％的问题线索来自中央巡视中发现的问题，发挥了不敢腐的效应。例如，2018 年 2 月 23 日至 5 月 23 日，中央第十三巡视组对中储粮集团公司党组开展了常规巡视。巡视期间，中央巡视组向集团公司党组移交了一批反映领导干部问题的线索，集团公司党组根据干部管理权限，对查实的违规违纪问题严肃追责问责。共计给予党纪政务处分 60 人，组织处理 15 人。

巡视也推动了单位党组织在加强党的领导、健全党的建设、推进全面从严治党方面的建章立制，为构建不能腐的机制提供了铺垫。中国石油天然气集团有限公司党组针对中共十九大后中央巡视反馈意见，积极开展巡视整改工作。所属企事业单位制定了 142 个整改方案，既整改巡视意见反馈的问题，也整改内部巡视审计发现的问题和举一反三自查中发现的问题。中国华电集团有限公司党组针对中共十九大后中央巡视发现的典型性普遍性问题，标本兼治，完善规章制度，修订完善党建和经营管理等方面的制度 18 项，另外还有一批涉及重点领域和关键环节的基础性制度也在加紧研究制定。

为什么同样岗位的公职人员，在腐败机会均等的情况下，有的公职人员容易腐败，有的公职人员则不容易腐败？公职人员的心理动机是其中的关键。所以，研究不想腐的机制，首先要研究实施腐败的行为人的心理动机，掌握影响其心理动机的因素，进而才能寻找到抑制及改变心理倾向的方法。腐败起源于人性中的贪欲，当人类还没有能力将贪欲从根本上消除时，反腐败法规与制度遏制贪欲的膨胀与扩张方面起到重要作用。当制度被设计出来作为国家抑制腐败的一种努力时，我们必须同时明白：单纯依靠制度反腐是难以从根本上消除腐败的。习近平认为，“一些党员、干部出这样那样的问题，说到底是信仰迷茫、精神迷失”。① 一个人战胜不了自己，制度设计得再缜密，也会“法令滋彰，盗贼多有”。② “因为如果思想作风是错误的，有制度防范，也会有人去钻规章、制度的空子。”③2018 年 2 月 23 日至 5 月 22 日，中央第三巡视组对国家体育总局党组进行了巡视。针对巡视反馈意见中指出的思想建设薄弱的问题，国家体育总局党组着力加强党员干部的理想信念教育，帮助党员干部进一步坚定理想信念，解决好世界观、人生观、价值观“总开关”的问题，自觉做共产主义远大理想和中国特色社会主义共同理想的坚定信仰者和忠实实践者。国家体育总局党组开展了党规党纪教育。对于巡视整改过程中发现的违规违纪案件，开展警示教育，在体育系统内进行通报，通过发生的典型案例，教育党员干部警钟长鸣，真正形成利剑高悬、震慑常在的高压态势。在 K 市巡视工作中，有关机构运用党纪政务处分、制定完善制度、主动退款等方式发挥了巡视在一体化推进不敢腐、不能腐、不想腐方面的作用。根据 K 市纪委监委公布的数据，“2019 年，K 市被巡视单位党纪政务处分 41 人，诫勉谈话 83 人，通过提醒谈话、批评教育、书面检查、调整职务等方式处理 751 人，退出钱款约 1 800 万元，共提出整改措施 3 979 条，制定完善制度 1 062 项”。④

五、巡视背景下单位从政环境治理能力的研究路径

单位从政环境中存在的问题，通过一次巡视反馈就可以测量了。但

① 习近平：《紧紧围绕坚持和发展中国特色社会主义学习宣传贯彻党的十八大精神》，《十八大以来重要文献选编》(上)，中央文献出版社 2014 年版，第 80—81 页。

② 习近平：《在同中央办公厅各单位班子成员和干部职工代表座谈时的讲话》(2014 年 5 月 8 日)，参见中共中央纪律检查委员会、中共中央文献研究室编《习近平关于党风廉政建设和反腐败斗争论述摘编》，中央文献出版社、中国方正出版社 2015 年版，第 145 页。

③ 中央纪委办公厅、中央纪委研究室编：《党的十四大以来中共中央纪律检查委员会历次全会工作报告汇编》，中国方正出版社 2015 年版，第 666 页。

④ 俞小松、陈琼珂：《发挥巡视利剑作用，做好“后半篇文章”——H 市纪委监委新闻发言人答记者问之三》，上观新闻，https://www.jfdaily.com/news/detail? id=202238，发布日期为 2020 年 1 月 21 日。

是，对单位从政环境治理能力的评估，不是通过一次巡视反馈就可以完成的，需要通过多路径的分析与研究。本项研究结合巡视反馈意见选择以下三条路径对单位从政环境治理能力进行分析：通过比较同一家单位在十九大前后两轮巡视反馈意见上的异同，分析该单位从政环境治理在十九大前后的变化；通过分析该单位与同性质其他单位在十九大后巡视反馈意见上的异同，比较衡量该单位从政环境治理的水平；通过研究该单位从政环境治理能力与从政环境问题、风险状况的相关性，分析单位从政环境治理能力强弱对于净化政治生态的影响。

（一）再现性分析

当程序重复执行时，都将获得相同的结果，这被称为可再现性。再现性与重复性虽然都是指同一被测量对象连续多次测量结果之间的一致性，但其前提不同。重复性是在测量条件不变的情况下，连续多次测量结果之间的一致性；再现性是指在测量条件改变了的情况下，测量结果之间的一致性。巡视是对单位政治生态的监测。在党中央巡视全覆盖的要求下，巡视程序对所有被巡视单位是连续启动的。虽然中央巡视是由同一主体即党中央组织实施的，但是，从政环境监测的组织者是不同的。十八届党中央与十九届党中央，不是完全同一的概念。单位从政环境监测的实际操作者也是不同的，对于同一家被巡视单位而言，十九大前后的巡视工作是由不同的巡视组来执行的，且同一巡视组的成员也会有调整。例如，十八大以来，不少单位党组织已接受了两轮巡视，即十九大前一轮、十九大后一轮，但是两轮巡视程序执行时的组织者与操作者都是不一致的，即两轮巡视对单位从政环境监测的条件是不同的。如果某单位十九大前接受巡视后被发现的政治偏差问题在十九大后再次巡视中又被发现了，即在测量条件改变了的情况下，测量结果之间具有一致性。这说明该单位十九大前被巡视发现存在的从政环境问题没有在十九大后得到纠正，单位政治生态未发生根本性改变，十九大前的测量结果在十九大后“再现”了。巡视反馈意见的“再现”代表着单位党组织存在的政治偏差问题具有再现性。这些问题的反复出现，可能是多种原因叠加作用的结果。

例如，缺乏正视问题的自觉；缺乏刀刃向内的勇气；面对歪风邪气不敢较真碰硬等。再现率是指在测量条件改变情况下连续测量后的测量结果一致性的程度。同一家单位巡视反馈问题的再现率，代表了单位从政环境治理失效的程度。再现率愈高、再现次数愈多，治理失效愈严重；再现率低、再现次数愈少，治理绩效愈明显。

（二）相似性分析

中国共产党的巡视监督是政治巡视，不是业务巡视，不可能事无巨细都纳入监督范围。通常，一定时期内单位巡视都聚焦于特定的巡视重点，例如，党的领导、党的建设、落实全面从严治党责任，即重点在这些方面审视偏离正常状态的程度。巡视重点通常是一定时期内党内政治生态中的共性问题。巡视组给予单位的巡视反馈意见主要是以该单位在这些共性问题上的个性化表现为评判依据的。不存在没有共性的个性，也不存在没有个性的共性，两者不能截然分开。一定数量的同性质单位存在的共性问题通常会在同性质的个别单位中有个性化的表现，某一单位个性问题的产生通常由带有共性的因素导致。

相似性分析是通过确立评估对象之间比较的相似或不相似程度的标准，来判断对象之间的相似性和相异性。本书采用相似性分析的方法来评判作为研究对象的单位从政环境偏离正常状态的状况，即以一定数量同性质单位被巡视发现的带有共性的从政环境问题为参照系，通过对比作为研究对象的某一家同性质单位是否也同样存在这些共性的从政环境问题，来判定研究对象单位从政环境偏离正常状态的实际状况。如果相似度高，说明研究对象单位从政环境特征与作为参照的同性质单位从政环境特征差异较小，从政环境问题相对较多；如果相似度低，说明研究对象单位从政环境特征与作为参照的同性质单位从政环境特征差异大，从政环境问题相对较少。例如，一定时期内，若干个中央层面党政机关单位中被巡视发现存在 n 个从政环境共性问题，如果 K 市某党政机关单位也被巡视发现存在相似的 n 个或接近 n 个问题，就说明 K 市某党政机关单位从政环境问题相对较多；如果 K 市某党政机关单位被巡视发现存在相似的问题明显少于 n 个，就说明 K 市某党政机关单位从政环境问题相对较少。

（三）因果性分析

探索事物之间的相关性是为了寻找事物之间的因果联系，然而，相关性与因果性并不是完全一致的概念。相关性是指两个或多个事物同时发生，具有关联，而因果性是指因为存在 A 所以产生 B，两个概念具有明显差别。两个或多个事物具有相关性，并不一定会有因果性。而事物之间存在因果联系，通常具有一系列的相关性。首先，因与果会有时间顺序上的关联性，先因后果，没有导致结果的原因，也不会产生原因导致的结果。其次，因与果之间需要有一定的关联强度，这是推断因果关系存在的重要因素。关联强度愈大，存在因果关联的可能性也就越大。第三，因与果关联的可重复性也是因果推断的重要依据，重复出现的次数愈多，因果推断的可靠性就愈强。

公职人员单位从政环境治理中也存在着诸多的因果关联。巡视中发现的单位从政环境被污染、单位从政环境存在的各种风险性因素、单位从政环境治理失效，这些结果都是由一定的原因导致的。单位从政环境作为一个政治生态系统，其自身的治理能力，就如同人类身体免疫系统的能力，只有不断增强，才能抵御各种问题与风险。一般人生活中会感冒、发热，但有些健康长寿的人就很少有这些症状，这些人通常具有较强的抵抗病毒、恶劣外在环境的免疫能力。免疫力是人体自身的防御机制，是人体识别和消灭外来侵入的任何异物（病毒、细菌等）的生理反应。人类的存续得益于免疫能力的不断增强，这是长期生物进化过程的产物。免疫能力强大的人通常不易生病，免疫力低下的人则易于被感染。这样的因果关系是否在单位从政环境的治理能力与单位从政环境中存在的问题与风险之间也同样存在，即单位自身治理能力的强弱与单位存在问题与风险多少之间是否存在着因果关系，需要对是否满足两者存在因果关联的时序要求、强度要求、可重复性要求进行判断。如果这样的因果推断成立，就能够为单位从政环境中存在的问题与风险找到原因，即单位自身治理能力的不足是导致单位从政环境问题与风险产生的根源。如果单位自身治理能力的强弱与单位存在问题与风险多少之间存在着因果关系，也为前面提到的相似度、再现率的变化提供了解释。两种可能的解释如下：第一种解释是，因为该单位对于从政环境的治理能力弱，导致与同性质单位存在的共性问题与风险相似度高，导致两次或多次巡视发现的问题与风险再现率高；第二种解释是，因为该单位对于从政环境的治理能力强，与同性质单位存在的共性问题与风险相似度低，导致两次或多次巡视发现的问题与风险再现率低。

第四章
机关单位从政环境治理分析：以K市单位为例

中共十八大以来，中央对K市的要求是成为改革开放与创新发展的领先者。面向未来，K市给予自己的定位是，建设成为现代化大都市，成为具有影响力的经济、金融、贸易、航运、科技创新中心和令人向往的创新城市、人文城市、生态城市。本项研究选择了三个与K市城市发展定位紧密相关的市级政府部门作为机关性质单位公职人员从政环境考察对象。考察这些单位公职人员从政环境状况的终极目的，是为了完善内部治理，确保这些政府部门的职能能够得到充分地履行。

一、K市机关单位主要职能及从政环境状况

（一）作为研究对象的K市机关单位的主要职能

致力于贸易促进的K市商务委员会。K市商务委员会的主要职能是：贯彻执行有关国内外贸易、外商投资、对外经济合作和口岸服务工作的法律、法规、规章和方针、政策；协调推进K市国际贸易中心建设；指导进出口商品结构调整，推动货物贸易促进体系建

设，协调推进贸易便利化；指导外商投资工作；负责对外经济合作等。

致力于生态保护的K市环境保护局。K市环境保护局(现更名为K市生态环境局)主要职能是：贯彻执行有关生态环境的法律、法规、规章和方针、政策，会同有关部门拟订生态环境政策，规划并组织实施、起草有关地方性法规、规章草案；负责重大生态环境问题的统筹协调和监督管理；负责监督管理减排目标的落实；负责环境污染防治的监督管理；指导协调和监督生态保护修复工作；负责生态环境监测工作；组织开展生态环境保护督察；统一负责生态环境监督执法；开展生态环境国际合作交流等。

致力于市场监管的K市工商行政管理局。K市工商行政管理局(现更名为K市市场监管局)主要职能是：贯彻执行有关市场监督管理的法律、法规、规章以及政策和标准。研究起草有关市场监督管理的地方性法规、规章草案，拟订政策、规划，并组织实施。贯彻国家质量强国战略、食品安全战略和标准化战略，维护市场秩序，营造诚实守信、公平竞争的市场环境；负责市场主体注册许可；组织指导市场监督管理综合执法工作；负责监督管理市场秩序；指导消费者权益保护委员会开展消费维权工作，负责食品安全监督管理等。

(二) 巡视视角下十九大前后K市机关单位从政环境状况

单位从政环境由单位组织环境与单位制度环境构成。单位组织环境主要考察加强党的领导、加强党的建设、落实全面从严治党责任情况；单位制度环境主要考察在加强党的领导、加强党的建设、落实全面从严治党责任方面违反党章党规的情况，尤其是违反党纪的情况。为了全面把握作为研究对象的K市机关单位从政环境状况，根据十九大前后该单位巡视反馈意见及单位整改报告中的信息，分别从问题状况、风险状况、治理状况三个维度对单位从政环境状况进行描述。参见表4-1、表4-2、表4-3。

表 4-1 十九大前后 K 市商务委员会公职人员从政环境状况

		单位组织环境			单位制度环境	
		加强党的领导	加强党的建设	落实全面从严治党“两个责任”	违反党章党规	违反党纪
问题状况	十九大后巡视	学习贯彻习近平新时代中国特色社会主义思想和党的十九大精神不够全面系统深入；主动服务、主动担当的意识还不足；部分财政扶持专项资金执行效率不高；推动 K 市钻石市场发展的作用不够。	干部队伍思想引领凝聚不够；党建基础工作薄弱，组织建设不够扎实有效；基层党支部组织力不强，作用发挥不充分。		落实上一轮巡视整改任务不力，仍有欠账。	仍然存在违规使用专项资金；违规兼职取酬；违规领取华交会现场加班费；到宾馆召开内部会议；购买发放粮库检查劳防用品；巡视组收到涉及一些领导干部的问题反映，已按规定转有关部门处理。
	十九大前巡视		基层党组织和党员队伍建设不力；超职数配备干部；个别干部档案材料出生日期前后记载不一。			个别干部违规使用专项资金获利；退休领导干部违规兼职取酬；行业协会重复获取财政专项资金。

续　表

		单位组织环境			单位制度环境	
		加强党的领导	加强党的建设	落实全面从严治党“两个责任”	违反党章党规	违反党纪
风险状况	十九大后巡视	对委内单位的领导和管理不够坚强有力。	落实民主集中制不够好，执行“三重一大”集体决策制度不到位。	事中事后监管不够有力；存在廉洁风险。		
	十九大前巡视		应由党组讨论和决定的重要事项没有上党组会的问题。	专项资金审核把关不严。		
治理状况	十九大后巡视		执行干部选任管理监督制度不严格、不到位。	“四责协同”机制落实不到位。		财经纪律执行不严格；执行中央八项规定精神不够严格。
	十九大前巡视		未建立起科学有效的选人用人机制。	党风廉政建设主体责任未能有效落实；机关纪检专职干部力量不足。		违反中央八项规定精神超标准接待、办会。

注：根据 K 市纪委监委网站公布的 2016 年、2018 年中共 K 市委巡视组两次对 K 市商务委巡视的反馈意见以及 K 市商务委的整改报告整理。

表 4-2 十九大前后 K 市环境保护局公职人员从政环境状况

		单位组织环境			单位制度环境	
		加强党的领导	加强党的建设	落实全面从严治党“两个责任”	违反党章党规	违反党纪
问题状况	十九大后巡视	“四个意识”不够强，学习贯彻党的十九大精神不实不细，落实中央和市委重大决策部署不够坚决；学习贯彻中央关于生态文明建设重大战略措施不力；党委的核心领导不够坚强有力；党组织的地位、党的领导被边缘化；责任担当不够，推动优化营商环境改革措施不力。	重业务、轻党建的现象比较普遍；基层党组织建设虚化、弱化，基层党组织不健全，“三会一课”制度落实不够。		上轮巡视指出的问题整改不到位（主要指党组织换届；重要岗位的干部交流）。	变相发放津补贴；违反财政部、监察部规定购买商业保险；以研讨会、座谈会的名义给其他单位公职人员发放“专家咨询费”；以虚假交通费等形式套取的课题现金；巡视组收到涉及一些领导干部的问题反映，已按规定转有关部门处理。
	十九大前巡视			存在不敢说、不敢管、不敢批评的问题。	党组织未按党章规定及时换届。	机关干部在科研课题经费中领取专家咨询费；事业单位下属公司长期无偿出借资金；事业单位下属公司房产无偿出借；个别工程建设项目采购存在违规；机关干部违规参加下属单位疗休养；购买、收送、发放消费卡。

续　表

		单位组织环境			单位制度环境	
		加强党的领导	加强党的建设	落实全面从严治党“两个责任”	违反党章党规	违反党纪
风险状况	十九大后巡视		干部选拔任用程序不规范；违规设置岗位及超职数配备问题；干部工作基础材料制作不规范、归档不及时。			下属某单位在编人员在企业兼职。
	十九大前巡视		局党委集体决策制度执行不够；未抓下属单位领导班子集体决策制度建设；党委未认真执行《K 市环境保护局处级领导干部交流工作暂行办法》；对下属单位负责人收入未进行统筹管理；个别领导干部个人有关事项部分内容申报不实。			违规兼职取酬；事业单位从事经营活动、存在事企不分问题。
治理状况	十九大后巡视			“两个责任”落实不到位，党风廉政建设与业务工作“两张皮”现象不同程度存在。		落实中央八项规定精神不力。

续 表

		单位组织环境			单位制度环境	
		加强党的领导	加强党的建设	落实全面从严治党“两个责任”	违反党章党规	违反党纪
治理状况	十九大前巡视		行政权力运用不规范；专项资金管理松懈。	党委主体责任落实不到位；局系统党风廉政建设制度文件未经党委班子集体研究讨论；局纪委纪律审查不严，执纪不力；纪检组织建设不健全。		执行中央八项规定精神不严。

注：根据K市纪委监委网站公布的2016年、2018年中共K市委巡视组两次对K市环境保护局巡视的反馈意见以及K市环境保护局的整改报告整理。

表4-3　十九大前后K市工商行政管理局公职人员从政环境状况

		单位组织环境			单位制度环境	
		加强党的领导	加强党的建设	落实全面从严治党“两个责任”	违反党章党规	违反党纪
问题状况	十九大后巡视	以“四个意识”为政治标杆的思想认识不足；在“学懂弄通做实”十九大精神上有差距；在落实党的全面领导的	在推进党的政治建设上有差距；思想政治工作不够深入细致；各级党组织会议专题研究党建工作的频次和质	全面从严治党基础工作仍存在弱化虚化问题。		部分资金使用审批不合规；落实中央八项规定精神抓实抓细不够；相关区局互送礼品；某区局扩大发放

续　表

		单位组织环境			单位制度环境	
		加强党的领导	加强党的建设	落实全面从严治党“两个责任”	违反党章党规	违反党纪
问题状况	十九大后巡视	政治站位上有差距；市工商局在优化营商环境存在问题。	量不够高；执行干部选拔任用政策规定不够严谨规范；存在“混编混岗”历史遗留问题；干部队伍建设缺乏前瞻性研究规划；干部工作基础材料不扎实；群众观念还不够强；办事效率和工作作风有待提高改进；行政执法工作导向和作风存在不足的问题；个别直属单位党建工作体制不顺；党建工作制度落实不到位。			奖品；某工商所委托代购物品；工程建设项目管理混乱，存在明显违规情况；巡视组收到涉及一些领导干部的问题反映，已按规定转有关部门处理。
	十九大前巡视		对干部队伍的思想引导不够有力；党建工作不够深入；领导班子成员未正常参加双重组织生活问题；执行干部			资金使用审批程序不合规；公务接待不规范和超标准；公务车使用超范围和加油卡使用管理混乱；违规

续 表

		单位组织环境			单位制度环境	
		加强党的领导	加强党的建设	落实全面从严治党“两个责任”	违反党章党规	违反党纪
问题状况	十九大前巡视		选任程序不规范；个别公务员在事业单位任职“混编混岗”；个别事业单位管理岗位超核定数聘任干部。			发放各类消费卡；违规发放各类津补贴。
风险状况	十九大后巡视		干部管理不够严格（领导干部社会团体兼职、长期任职同一岗位、普通干部因私出国境及证照管理）；针对新形势下“四风”问题反弹缺乏足够警醒和认识。	权力资源相对集中部门廉政风险还比较突出；国有房产管理不规范，存在较大廉政风险。		
	十九大前巡视		廉政防控与业务工作结合度不高（商事制度改革后可能出现的廉政风险点）；预算编制及执行情况未上领导班子会讨论；上会讨论大额资金设定标准过			

续　表

		单位组织环境			单位制度环境	
		加强党的领导	加强党的建设	落实全面从严治党“两个责任”	违反党章党规	违反党纪
风险状况	十九大前巡视		高；巨额资金存放问题；个别下属事业单位对外投资存在廉政风险；专项资金使用跟踪监管不到位。			
治理状况	十九大后巡视			纪检监察的指导监督管理尚有差距；“四责协同”责任体系的认识和执行落实不够到位；日常监督执纪问责不够严。		
	十九大前巡视			局行政会议研究党风廉政建设工作比较少；推进党风廉政建设工作有效性不足。		

注：根据 K 市纪委监委网站公布的 2016 年、2018 年中共 K 市委巡视组两次对 K 市工商行政管理局巡视的反馈意见以及 K 市工商行政管理局的整改报告整理。

二、K 市机关单位从政环境问题再现性分析

这三个机关性质单位分别在 2016 年以及 2018 年接受过中共 K 市委巡视组的两次巡视。2016 年的中共 K 市委巡视组巡视是发生在中共十八大召开之后、中共十九大召开之前;2018 年的中共 K 市委巡视组巡视是发生在中共十九大召开之后。通过对比两次巡视的反馈意见,对十九大前该单位从政环境问题在十九大后是否再现以及再现的程度进行判断,进而把握该单位从政环境治理的实际变化。

(一) K 市商务委员会从政环境问题再现性分析

在党的建设方面,十九大前 K 市商务委员会基层党组织和党员队伍建设不力,十九大后这方面问题仍然存在,表现为基层党支部组织力不强,作用发挥不充分,只是问题在表述上从“不力”更改为“不强、不充分”。十九大前 K 市商务委员会存在应由党组讨论和决定的重要事项没有上党组会的问题,十九大后这方面问题仍然存在,表现为执行“三重一大”集体决策制度不到位,只是问题在程度上从“没有”演化为“不到位”。十九大前 K 市商务委员会未建立起科学有效的选人用人机制,十九大后这方面问题仍然存在,表现为执行干部选任管理监督制度不严格、不到位,只是问题在程度上从“未建立”演化为“不严格、不到位”。

在落实全面从严治党责任方面,十九大前该单位党风廉政建设主体责任未能有效落实,机关纪检专职干部力量不足,十九大后这方面问题仍然存在,表现为“四责协同”机制[①]落实不到位。只是在表述上从“未能有效落实、力量不足”更改为“不到位”。

在违反党章党规党纪方面,十九大前存在个别干部违规使用专项资

---

① 全面从严治党“四责协同”机制,是指在全面从严治党过程中以协同治理的理念落实党委主体责任、纪委监督责任、党委书记第一责任、班子成员“一岗双责”责任的机制。

金获利，退休领导干部违规兼职取酬，违反中央八项规定精神超标准办会；十九大后这方面问题仍然存在，表现为仍然存在违规使用专项资金，违规兼职取酬，执行中央八项规定精神不够严格，到宾馆召开内部会议。十九大后该单位被巡视发现总体上落实上一轮巡视整改任务不力，仍有欠账。

由于十九大前巡视反馈意见中未出现对该单位加强党的领导方面的反馈意见，因此，无法从这一方面进行从政环境问题再现率分析。对比两次巡视反馈意见，从政环境问题再现的领域涉及党的建设、全面从严治党、违反党章党规党纪，这三个领域十九大前巡视发现的问题在十九大后巡视反馈中再现的比率接近 100%。当然，从巡视反馈意见的措辞上看，尽管问题依然存在，并未解决，但问题已经得到单位党组织的关注，并正在采取措施解决，有些问题严重性程度上已经减缓。这也表明中共十九大后一些机关性质单位政治生态治理正在逐步向积极的方向转化，尽管步伐并不是很快。

（二）K 市环境保护局从政环境问题再现性分析

在党的建设方面，十九大前中共 K 市环境保护局党委在巡视中被发现党委集体决策制度执行不够；未抓下属单位领导班子集体决策制度建设，在十九大后的巡视反馈中未提及该问题，说明已经纠正。但是，十九大前被发现的党委未认真执行《K 市环境保护局处级领导干部交流工作暂行办法》、党组织及时换届问题，十九大后未得到彻底纠正。

在落实全面从严治党责任方面，十九大前中共 K 市环境保护局党委在巡视中被发现党委主体责任落实不到位，局系统党风廉政建设制度文件未经党委班子集体研究讨论；局纪委纪律审查不严，执纪不力，纪检组织建设不健全。十九大后这一问题仍然存在，即“两个责任”落实不到位。但具体表现有所不同，落实不到位的具体表现是：重业务、轻党建的现象比较普遍，党风廉政建设与业务工作“两张皮”现象不同程度存在。

在违反党章党规党纪方面，十九大后巡视发现，上轮巡视指出的问题整改不到位，例如，党组织未按党章规定及时换届问题。十九大前被发现

“执行中央八项规定精神不严”，十九大后延续了这一问题，反馈意见中指出“落实中央八项精神不力”。违规领取“专家咨询费”、违规兼职问题在十九大后变换形式后仍然存在。十九大前发现的事业单位下属公司长期无偿出借资金、事业单位下属公司房产无偿出借、个别工程建设项目采购存在违规、机关干部违规参加下属单位疗休养及购买、收送、发放消费卡等问题，在十九大后未被发现，但十九大之后又出现了变相发放津补贴；违反财政部、监察部规定购买商业保险；以虚假交通费等形式套取的课题现金等问题，说明违反廉洁纪律的行为在该单位中产生了新的情形。

由于十九大前巡视反馈意见中未出现对该单位加强党的领导方面的反馈意见，因此，无法从这一方面进行从政环境问题再现率分析。对比两次巡视反馈意见，从政环境问题再现的领域涉及党的建设、全面从严治党、违反党章党规党纪，这三个领域十九大前巡视发现的问题在十九大后巡视反馈中再现的比率接近75%。当然，有一部分在十九大前巡视发现的问题在十九大后巡视中未被发现，说明已纠正。但还有比较多的问题仍然存在，只是具体表现形式发生了变异。这种变异，一方面是因为浅层问题解决后深层问题自然显现的结果，另一方面也说明不正当行为的承担者也在寻找新的行动机会与方式。这表明十九大前的巡视监督正在推动中共十九大后一些机关性质单位政治生态治理向积极的方向转化。但同时，也提示我们应当关注从严治党的一些深层次问题以及一些“花样翻新”的形式。

（三）K市工商行政管理局从政环境问题再现性分析

在党的建设方面，十九大前K市工商行政管理局被巡视发现个别公务员在事业单位任职“混编混岗”，十九大后仍然存在“混编混岗”历史遗留问题。十九大前被发现廉政防控与业务工作结合度不高，表现在预算编制及执行情况未上领导班子会讨论；上会讨论大额资金设定标准过高；巨额资金存放问题；个别下属事业单位对外投资存在廉政风险。虽然，这些具体表现在十九大后未被发现，但是廉政防控与业务工作结合度不高的问题仍然存在。具体表现为：权力资源相对集中部门廉政风险还比较突出；国有房产管理不规范，存在较大廉政风险；工程建设项目管理混乱，存在明显违规情况。

在落实全面从严治党责任方面，十九大前 K 市工商行政管理局行政会议研究党风廉政建设工作比较少；推进党风廉政建设工作有效性不足，这些问题并没有根本性扭转，在十九大后产生的影响是巡视中被发现全面从严治党基础工作仍存在弱化虚化问题，“四责协同”责任体系的认识和执行落实不够到位；日常监督执纪问责不够严。

违反党章党规党纪方面，十九大前存在资金使用审批程序不合规问题，十九大后仍存在遗留问题，部分资金使用审批不合规。十九大前存在公务接待不规范和超标准、公务车使用超范围和加油卡使用管理混乱、违规发放各类消费卡、违规发放各类津补贴等违反中央八项规定精神问题，这些具体的问题情形在十九大后未被发现，但是，十九大后仍然被巡视发现落实中央八项规定精神方面抓实抓细不够，表现在相关区局互送礼品、某区局扩大发放奖品、某工商所委托代购物品。

由于十九大前巡视反馈意见中未出现对该单位加强党的领导方面的反馈意见，因此，无法从这一方面进行从政环境问题再现率分析。对比两次巡视反馈意见，从政环境问题再现的领域涉及党的建设、全面从严治党、违反党章党规党纪，这三个领域十九大前巡视发现的问题在十九大后巡视反馈中再现的比率接近 90%。这些问题再现的方式有几种情况：(1) 问题遗留型。十九大前被发现的“混编混岗”问题、资金使用不合规问题，几乎在十九大之后原封不动地被保留。(2) 问题再生型。十九大前被巡视发现的违反中央八项规定精神的某些问题、廉政防控与业务工作结合度不高的某些问题，十九大后得到了纠正，但是围绕这两个方面的其他类型问题又产生了，说明缺乏举一反三的自觉，没有从根本上解决问题。(3) 问题转化型。十九大前该单位被巡视发现的党风廉政工作重视不够、廉政工作有效性不足问题一直未得到扭转，这些问题在十九大后直接转化为“四责协同”机制认识与执行落实不够到位、日常监督执纪问责不够严。受到多种因素影响，单位从政环境的净化一般不可能是一步到位的，如果单位党组织对已经存在的政治生态问题不加以重视，这些问题就会随着时间的推移被遗留、被再生、被转化，净化的过程就会比较曲折，净化的效率就会比较低。

三、K 市机关单位从政环境状况与中央国家机关单位从政环境状况相似性分析

同样性质的不同单位之间从政环境问题相似度分析主要基于以下三个方面：(1) 同样性质的公职人员单位通常具有相类似的从政环境要求及特征，在问题状况、风险状况、治理状况等方面，除了有个性化表征外，也具有共性特征，个性中包含着共性。(2) 巡视是有侧重点的，例如，聚焦于党的领导、党的建设、全面从严治党、违反党章党规党纪等方面，而且对同样性质的单位也有统一的巡视要求及政治生态的评判标准。巡视反馈意见，是针对这类单位在重点巡视问题上的表现，依据统一的要求与标准，形成监督性反馈意见的。(3) 因为不同时期党中央对巡视工作的要求、重点、标准会有所不同，所以，应当以同一时期对同样性质单位的巡视反馈意见作为相似度分析的基础。中共十九大前后，党中央对巡视工作的要求是有所变化的，本项研究中的相似度分析，以中共十九大之后的同性质的不同单位巡视反馈意见为研究基础。

选取同性质的一组单位的巡视反馈意见，从中概括归纳出带有共性的从政环境问题状况、风险状况、治理状况，并以此为参照系，将在同一时期同样性质的其他单位的巡视反馈意见与之进行相似度分析，即分析该单位从政环境状况与一组同性质单位从政环境状况的相似度。中央巡视组的巡视工作及其反馈意见，代表党中央的意志，具有权威性，对巡视重点的选择、问题的发现、评判标准的设定对地方巡视工作具有指导性意义。本项研究以十九大后党中央巡视一组中央和国家机关单位后的反馈意见中反映出的机关单位从政环境共性状况为参照，将其与十九大后中共 K 市委巡视的 K 市某机关单位的反馈意见中反映出的从政环境状况进行相似性比较，并根据相似度对该单位从政环境状况进行评判。十九

届中央第四轮巡视全部安排集中对中央和国家单位开展巡视。中央巡视组在肯定全部被巡视的 37 个中央和国家单位[①]党组织贯彻落实党中央重大决策部署和全面从严治党等方面取得成绩的同时，也指出了存在的问题。37 家中央和国家单位中有 15 家属于党政机关性质单位。15 家单位在组织环境以及制度环境中存在的共性问题及表现如下：

(1) 在加强党的领导方面。被巡视单位党组织能够坚持以习近平新时代中国特色社会主义思想为指导，但在学习贯彻习近平新时代中国特色社会主义思想（习近平总书记重要指示批示精神）和党的十九大精神上普遍存在不够系统扎实、不够深入的问题；在落实党的路线方针政策和贯彻党中央决策部署方面也存在薄弱环节，尤其在结合实际创造性贯彻落实上存在差距；履行工作职责使命存在不足。主要表现在自觉运用习近平新时代中国特色社会主义思想所蕴含的立场观点方法分析形势、破解难题、服务大局不够，工作上适应新形势新任务新要求不够，战略谋划和顶层设计不够，推动新时代机关工作高质量发展力度不够。

(2) 在加强党的建设方面。被巡视单位党组织，在党的建设方面，在不同领域、不同程度上存在着缺陷。有的党的政治建设不够到位；有的思想政治工作不够深入，党员教育管理有盲区；有的落实意识形态工作责任制不够有力，阵地管理存在薄弱环节；有的能够落实新时代党的组织路线，但落实不够到位，表现为干部队伍建设长远考虑不够，严格执行选人用人制度不够，激励干部担当作为不够；有的领导班子建设有待进一步加强，执行民主集中制不够严格；有的机关党建工作存在薄弱环节，基层党组织政治功能不够强；有的整治“四风”韧劲不足，形式主义、官僚主义问题仍然存在；有的落实党建工作责任制有差距。

(3) 在落实全面从严治党主体责任和监督责任方面。被巡视单位党组织能够持续推进全面从严治党，但管党治党政治责任压得不够实，贯彻落实全面从严治党战略部署不够有力，主体责任和监督责任落实有差距。

---

① 从单位性质来看，15 个单位属于党政机关，10 个单位属于事业单位（5 个党中央直属事业单位、3 个国务院直属事业单位、2 个部委直属事业单位），12 个单位属于群团组织。参见中央纪委国家监委网站，《十九届中央第四轮巡视反馈情况全部公布》，http://www.ccdi.gov.cn/toutiao/202001/t20200110_207506.html，发布时间为 2020 年 1 月 10 日。

有的单位班子成员履行“一岗双责”不够到位；有的单位压力传导递减；有的单位纪委监督执纪不够严格，以案促改不够，部分领域廉政风险防控不够严；有的单位对苗头性、倾向性问题真抓严管不够。

（4）在违反党章党规方面。巡视、审计整改存在差距是具有普遍性的问题。有的整改事项未完全落实；有的巡视整改长效机制不健全；或两者兼而有之。

（5）在违反党纪方面。巡视组普遍收到反映这些单位一些领导干部的问题线索，已按有关规定转中央纪委国家监委、中央组织部等有关方面处理。有的单位党组织违反中央八项规定精神问题仍有发生。

中共十九大后，K 市商务委员会、K 市环境保护局、K 市工商管理局接受了中共 K 市委巡视组的巡视。将中共十九大后中央国家机关单位存在的从政环境状况与 K 市机关单位的从政环境状况进行相似度比较，是基于以下的一些相似性：从单位性质上讲，党政机关单位从政环境的要求与特征相似；从时间维度上讲，中共十九大后，全面从严治党的形势要求，无论对中央国家机关还是地方党政机关是相似的；从工作要求上讲，巡视监督工作中的巡视组构成、巡视重点及政治生态评价标准等，中央巡视组与省级党委巡视组是相似的。

（一）K 市商务委员会从政环境状况与中央国家机关单位从政环境状况相似性分析

为了体现党的全面领导，无论中央国家机关还是地方党政机关，都要以党的指导思想作为机关工作的根本遵循，并且以贯彻落实中央及地方党委的决策部署作为工作方针。在党的领导方面，十九大后巡视组发现部分中央国家机关单位的主要问题是学习落实党的最新指导思想与行动指南不够深入，贯彻中央决策部署存在薄弱环节。十九大后 K 市商务委员会被巡视发现学习贯彻习近平新时代中国特色社会主义思想和党的十九大精神不够全面系统深入；在贯彻国家与 K 市决策部署方面主动服务、主动担当的意识还不足，表现在积极推动 K 市钻石市场发展的作用不够。K 市钻石交易所是国内钻石进出口交易平台，在国家加紧国际金融中心建设，促进要素市场发展的大背景下，K 市钻石交易所应当积极作为。

在党的建设方面，K 市商务委员会在巡视中被发现存在以下主要问题：在思想建设上，干部队伍思想引领凝聚不够。在组织建设上，不够扎实有效，具体表现在：落实民主集中制不够好，执行“三重一大”集体决策制度不到位；执行干部选任管理监督制度不严格、不到位；基层党支部组织力不强，作用发挥不充分。此外，党建基础工作薄弱。这些方面与中央国家单位在巡视中发现的党建领域问题是相类似的，例如，思想政治工作不够深入；领导班子建设有待进一步加强，执行民主集中制不够严格；严格执行选人用人制度不够；基层党组织政治功能不够强；机关党建工作存在薄弱环节等。

在全面从严治党方面，也存在一些相似的问题：中央国家单位中存在主体责任和监督责任落实有差距、单位班子成员履行“一岗双责”不够到位等问题；K 市在落实全面从严治党战略中要求强化党委主体责任、纪委监督责任、党委书记第一责任和班子成员“一岗双责”责任的“四责协同”机制，但是，K 市商务委员会“四责协同”机制落实不到位。中央国家单位中存在单位纪委监督执纪不够严格，部分领域廉政风险防控不够严等问题；K 市商务委员会事中事后监管不够有力，存在廉洁风险。

在违反党章党规党纪方面，中共十九大后的巡视发现 K 市商务委员会落实上一轮巡视整改任务不力，仍有欠账；执行中央八项规定精神不够严格；巡视组收到涉及一些领导干部的问题反映，已按规定转有关部门处理。通过相似度比较，中央国家单位中也有类似问题。

巡视反馈意见，体现了中央与地方党委对各自所辖单位从政环境一致性的要求。它既是对公职人员单位从政环境的问题概括，也代表了中央与地方党委对单位党组织的要求与期望。基于巡视反馈意见，通过对中共十九大后中央国家机关单位从政环境状况与 K 市商务委员会从政环境状况的描述以及相似度分析，发现两者的相似度是很高的。尽管这些中央国家机关单位与 K 市商务委员会处于不同的政治层面、不同的地域、不同的业务领域，但是，从政环境存在的问题类型是相似的，问题的表现形态是相似的，偏离作为党的执政平台正常状态的程度是相似的。在单位组织环境中，存在相似的党的领导弱化、党的建设缺乏、全面从严治党不力的问题及表现形式；在单位制度环境中，存在相似的违反党章党规党纪的现象。

（二）K 市环境保护局从政环境状况与中央国家机关单位从政环境状况相似性分析

在党的领导方面，K 市环境保护局“四个意识”不够强，学习贯彻党的十九大精神不实不细，学习贯彻中央关于生态文明建设重大战略措施不力，落实中央和市委重大决策部署不够坚决。具体表现为：责任担当不够，推动优化营商环境改革措施不力。与 K 市环境保护局从政环境问题的相似性在于，中央国家机关单位同样存在学习贯彻党的十九大精神上不够系统扎实、不够深入的问题；在落实党的路线方针政策和贯彻党中央决策部署方面也存在薄弱环节。不同之处在于，十九大后中共 K 市委巡视组给予 K 市环境保护局的反馈意见中还指出“党委的核心领导不够坚强有力，党组织的地位、党的领导被边缘化”的问题，这实际上是指出了导致上述学习、贯彻、落实不力的根本原因。

在党的建设方面，从巡视反馈意见来看，K 市环境保护局重业务、轻党建的现象比较普遍。单位从政环境问题主要集中在党的组织建设方面。具体表现为：干部选拔任用程序不规范；违规设置岗位及超职数配备问题；干部工作基础材料制作不规范、归档不及时。基层党组织建设虚化、弱化，基层党组织不健全，“三会一课”制度落实不够。这方面问题，中央国家机关单位也同样存在，主要是对新时代党的组织路线落实不力。

在全面从严治党方面，K 市环境保护局存在“两个责任”落实不到位问题，具体表现在党风廉政建设与业务工作“两张皮”现象不同程度地存在。正是由于单位党组织“两个责任”落实不到位，导致单位领导干部履行“一岗双责”不够到位，形成党风廉政建设与业务工作“两张皮”现象，并最终致使部分领域廉政风险防控不够严。由此可见，单位党组织“两个责任”落实情况，直接关系到单位廉政建设水平。中央国家机关单位中同样存在单位班子成员履行“一岗双责”不够到位，部分领域廉政风险防控不够严的问题。

在违反党章党规党纪方面，K 市环境保护局上轮巡视指出的问题整改不到位（主要是指违反党章党组织未及时换届；重要岗位的干部交流未认真执行）。落实中央八项规定精神不力，存在违反廉洁纪律的行为。具体表现为：变相发放津补贴；违反财政部、监察部规定购买商业保险；以研讨会、座谈会的名义给其他单位公职人员发放“专家咨询费”；以虚假交通费等形式套取课题现金；下属某单位在编人员在企业兼职。巡视组收到涉及一些领导干部的问题反映，已按规定转有关部门处理。通过相似度比较，中央国家机关单位中也有类似问题。

十九大后 K 市环境保护局的巡视反馈意见中反映出的从政环境问题与中央国家机关单位的从政环境问题大体上相似。从政环境问题具有相似性的根源在于导致这些问题的原因是相似的。党的领导弱化之所以会成为一些单位的共性问题，根源在于一些单位党委的核心领导意识不强，党组织的地位、党的领导甚至被边缘化了。党的建设缺失之所以会成为一些单位的共性问题，根源在于重业务、轻党建的思想认识还比较严重。全面从严治党不力之所以会成为一些单位的共性问题，根源在于单位党组织对于落实“两个责任”的意义认识不到位。

（三）K 市工商行政管理局从政环境状况与中央国家机关单位从政环境状况相似性分析

在党的领导方面，K 市工商行政管理局存在与中央国家机关单位相似的从政环境问题：一方面，在“学懂弄通做实”十九大精神上有差距；另一方面，在落实党的全面领导的政治站位上有差距，K 市工商局在推进优化营商环境方面工作力度不够。导致这两个方面问题的最主要原因：以“四个意识”为政治标杆的思想认识不足。

在党的建设方面，K 市工商行政管理局中各级党组织会议专题研究党建工作的频次和质量不够高。正是因为对党建工作的重视不够，在单位党的建设的多个方面存在着问题。在政治建设上，推进力度不够，存在差距。在思想建设上，思想政治工作不够深入细致；在组织建设上，执行干部选拔任用政策规定不够严谨规范，存在“混编混岗”历史遗留问题，干部队伍建设缺乏前瞻性研究规划，干部工作基础材料不扎实，干部管理不够严格；在作风建设上，针对新形势下“四风”问题反弹缺乏足够警醒和认识，群众观念还不够强，办事效率和工作作风有待提高改进，行政执法工作导向和作风存在不足的问题；在制度建设上，个别直属单位党建工作体制不顺，党建工作制度落实不到位。中央国家机关单位中同样存在相类似的问题，即在机关党建工作中存在薄弱环节、在党的政治建设上不够到位、在思想政治工作上不够深入、落实新时代党的组织路线上不够到位、整治“四风”上韧劲不足、落实党建工作责任制有差距。

在全面从严治党方面，K 市工商行政管理局全面从严治党基础工作存在弱化虚化问题。具体表现在：针对新形势下“四风”问题反弹缺乏足够警醒和认识；“四责协同”责任体系的认识和执行落实不够到位；纪检监察的指导监督管理尚有差距；日常监督执纪问责不够严；权力资源相对集中部门廉政风险还比较突出，国有房产管理不规范，存在较大廉政风险。中央国家机关单位从政环境中也同样存在着基本类似的问题与表现。十九大后巡视发现，中央国家机关单位从政环境中存在贯彻落实全面从严治党战略部署不够有力的问题。具体表现为：主体责任和监督责任落实有差距，履行“一岗双责”不够到位，纪委监督执纪不够严格，部分领域廉政风险防控不够严。

在违反党章党规党纪方面，K 市工商行政管理局在落实中央八项规定精神抓实抓细不够，表现为相关区局互送礼品、某区局扩大发放奖品、某工商所委托代购物品；部分资金使用审批不合规；工程建设项目管理混乱，存在明显违规情况。巡视组收到涉及一些领导干部的问题反映，已按规定转有关部门处理。通过相似度比较，十九大后 K 市工商行政管理局除了没有上一轮巡视整改不力的问题之外，其他从政环境问题与中央国家机关单位相类似。

除了个别从政环境问题不具有相似性外，K 市工商行政管理局存在的大多数从政环境问题与中央国家机关单位是类似的。相似性分析的意义，不仅仅是为了了解从政环境问题相似度的高低，而且是为了探究导致这些从政环境问题之所以具有相似性的根源。结合巡视中央国家机关单位与 K 市工商管理局的反馈意见，可以发现导致党的领导出现政治偏差的根源在于单位党组织以“四个意识”为政治标杆的思想认识不足；导致党的建设出现全面缺失的根源在于单位党组织对党建工作的重视不够；导致全面从严治党基础工作存在种种弱化虚化表现的根源在于单位党组织对于落实全面从严治党战略自觉性不强。

无论是自然界还是人类社会，相似性是无处不在的。当我们摸清了人类社会中事物各自迥异的个性后，就需要开始去寻找它们内在的共性，只有找到共性，才能形成规律性的认识。通过对中央国家机关单位从政环境状况与 K 市地方党政机关单位从政环境状况的相似性分析，认识到从政环境问题在中国单位的普遍存在性，这将加深我们对重构中国政治生态意义的认识。无论是巡视者还是被巡视者，都应以实事求是的态度来对待这些相似性。只有了解、正视这些事实，我们才能驾驭它、解决它。如果采取回避、抵制的态度处之，势必导致更为严重的后果。

四、K 市机关单位从政环境治理能力与从政环境状况的因果性分析

小到生命个体、大到社稷国家，在漫长的生命历程或国家建设中，不可能不产生问题、不遭遇风险，但是能否将问题、风险控制在各自能够承受的一定数量、范围、限度内，则取决于自身的内在管控能力，这里存在着明显的因果关联。当这些问题与风险出现了失控状况，只能表明自身内在管控的低能或失效。通常，免疫能力健全的生命个体，生命不容易受到病毒的侵害而陷入垂危，产生的健康问题或健康风险就相对较少；治理能力卓越的政府，不容易陷于危机的困扰而不能自拔，陷入普遍性、持续性危机的可能性相对较小。

单位，作为中国独特的社会政治现象，既是国家在经济、政治、社会领

域中的微观“化身”，也是公职人员在国家经济、政治、社会生活中扮演特定角色的“载体”。单位，作为公职人员的从政环境，会受到各种因素的影响，会产生游离于正常运行状态的各种政治偏差或政治风险。单位党组织，作为公职人员从政环境治理主体，承担着管党治党的政治责任。单位党组织不一定是导致所有单位从政环境问题与风险的直接原因，但是当单位政治生态中出现普遍性、持续性问题或风险时，则一定与它的治理能力不足、治理行为失当、治理活动缺失直接相关，而且是因果关联。

（一）K 市商务委员会从政环境治理能力与从政环境状况的因果性分析

中共十九大前后，由于 K 市商务委党组全面从严治党责任始终未能有效落实，导致一些从政环境问题出现持续性存在、变异性存在的特征。有的问题是十九大前被巡视发现延续到十九大后的。例如，财经纪律执行不严格，十九大前就存在的违规使用专项资金的问题延续到十九大后。有的问题在十九大后还产生新的表现形式。例如，执行中央八项规定精神方面不够严格的问题延续到十九大后，不仅仍然存在十九大前被巡视发现的违规兼职取酬问题，还出现了违规领取华交会现场加班费；到宾馆召开内部会议；购买发放粮库检查劳防用品等新问题。由于全面从严治党责任未落实，在风险防控方面问题也具有持续性。例如，十九大前被发现应由党组讨论和决定的重要事项没有上党组会的问题，十九大后落实民主集中制仍然不够好，执行“三重一大”集体决策制度不到位。

（二）K 市环境保护局从政环境治理能力与从政环境状况的因果性分析

K 市环境保护局党委轻视党建的问题从十九大前延续到十九大后，这严重制约了党组织对从政环境的治理能力。巡视中发现，十九大前党组织未按党章规定及时换届；党委未认真执行《K 市环境保护局处级领导干部交流工作暂行办法》。十九大后这两个轻视党建的典型问题被作为巡视整改不到位的重要例证。从十九大后的市委巡视反馈意见中，可以发现轻视党建的问题在该单位中是带有普遍性的问题。中共K市委巡视组的巡视反馈意见中明确提出，“重业务、轻党建的现象比较普遍”。此外，全面从严治党“两个责任”落实不到位的问题也从十九大前延续到十九大后，而且还较为普遍地呈现在业务工作的不同领域。十九大后的市委巡视反馈意见中明确提出，“党风廉政建设与业务工作两张皮现象不同程度存在”。该单位轻视党建、没有有效落实“两个责任”，导致从政环境治理能力的欠缺。该单位从政环境治理能力与该单位从政环境问题、风险状况的因果性关联是存在的。正是因为K市环境保护局党委从政环境治理能力欠缺，十九大前存在执行中央八项规定精神不严问题，十九大后仍然存在落实中央八项规定精神不力问题，突出表现为变相发放津补贴；违反财政部、监察部规定购买商业保险；以研讨会、座谈会的名义给其他单位公职人员发放“专家咨询费”；以虚假交通费等形式套取课题现金等方面。在风险状况方面，十九大前存在违规兼职取酬，十九大后仍然存在下属某单位在编人员在企业兼职。

（三）K市工商行政管理局从政环境治理能力与从政环境状况的因果性分析

十九大前K市工商行政管理局领导班子成员未正常参加双重组织生活，党建工作不够深入。十九大后K市工商行政管理局各级党组织会议专题研究党建工作的频次和质量不够高，在党的政治建设、思想建设、组织建设、作风建设、制度建设等方面都存在缺失的问题。这说明不重视党建工作的问题在该单位具有持续性，并且十九大后的问题表现还十分突出。这对于提升该单位党组织从政环境治理能力形成了持续性的制约作用。该单位党建水平与管党治党能力之间的因果关联，在十九大后的巡视反馈意见中可以得到印证。在中共K市委的巡视反馈意见中明确指出，该单位“全面从严治党基础工作仍存在弱化虚化问题”。管党治党不力的持续性与从政环境问题与风险状况的持续性之间的因果关联也同样得到了印证。十九大前资金使用审批程序不合规；十九大后部分资金使用审批仍然不合规。十九大前公务接待不规范和超标准，公务车使用超范围和加油卡使用管理混乱，违规发放各类消费卡，违规发放各类津补贴，十九大后仍然存在落实中央八项规定精神抓实抓细不够的问题。在风险状况方面，2017 年虽然研究制定了《K 市工商行政管理局关于防止利益冲突的若干规定（试行）》，概括为“四不准一回避”，[①]力求从源头上防控廉政风险，但是十九大后巡视中仍然发现权力资源相对集中部门廉政风险仍然比较突出。

① “四不准”，一是处级及以上领导干部的配偶、子女及其配偶不准在本市该领导干部工作的业务范围内从事可能与公共利益发生冲突的经商办企业活动；二是注册、商标、合同部门工作人员的配偶、子女及其配偶不准在本市本部门管辖的业务范围内从事企业注册代理、商标代理、拍卖经营活动或者在上述企业持有股份；三是广告部门工作人员的配偶、子女及其配偶不准在本市的广告公司、媒体的广告部门担任高级职务或者在广告公司持有股份；四是各级工作人员的配偶、子女及其配偶不准为本市工商部门履行行政管理职能有偿提供第三方服务，不准为本市工商部门提供商品、劳务或者承建工程项目、信息化项目。“一回避”，是在工商行政处罚案件处理过程中，各级工作人员如遇当事人与本人或者本人的配偶、子女及其配偶等有直接利害关系的，应当主动申请回避，不得参与案件调查、讨论、审核、决定、复议、诉讼等活动，也不得以任何形式施加影响。

第五章 事业单位从政环境治理分析：以K市单位为例

事业单位，作为从事教育、科技、文化、卫生等活动的社会服务组织，是由国家设置的带有一定的公益性质的机构，所追求的首先是社会效益，提供不能或无法由市场来提供的公共事业产品，满足社会发展和公众的需求，是社会服务的重要支持系统，保障国家政治、经济、文化生活正常进行。事业单位，是由国家财政统一拨给各项事业经费，承担的是政府职能所派生出来的具体事务，但不属于公共行政权力机关，不具有公共行政权力。

在中国，事业单位是中国共产党执政兴国的重要依靠力量。为了加强党对事业单位工作的领导，实行行政领导人负责制的事业单位中党的基层组织，要发挥战斗堡垒作用；实行党委领导下的行政领导人负责制的事业单位中党的基层组织，要对重大问题进行讨论和作出决定。本书选择了三家对接国家战略以及与中央对K市工作决策部署紧密相关的K市属事业单位，作为事业性质单位公职人员从政环境治理的考察对象。

一、K市事业单位主要职能及从政环境状况

（一）作为研究对象的K市事业单位的主要职能

对接航运中心建设的K市NJ大学。中国高等航海教育发轫于K

市。为更好地推动K市及国家航运事业发展，2008年K市人民政府与交通运输部签订协议，共建K市NJ大学。新时代背景下，为努力打造具有国际竞争力航运业营商环境，切实提升K市核心竞争力，实现到2020年基本建成K市国际航运中心这一国家战略目标，K市人民政府制定了《K市国际航运中心建设三年行动计划(2018—2020)》。K市NJ大学被誉为"高级航运人才的摇篮"，是一所以航运、物流、海洋为特色的大学，为落实交通强国、海洋强国建设决策部署，应当在实现国家战略目标中发挥应有的作用。

对接健康中国建设的K市ED大学。根据党的十八届五中全会战略部署，为推进健康中国建设，提高人民健康水平，2016年制定了《"健康中国2030"规划纲要》。它是面向未来15年推进健康中国建设的行动纲领，其战略目标是到2030年，主要健康指标进入高收入国家行列。根据国家部署，K市在全国率先编制省级中长期健康行动方案——《健康K市行动(2019—2030)》。K市ED大学诞生于"健康中国"新时代，是一所K市市属应用技术型本科医学院校，具有临床医学、护理学、康复治疗学、生物医学工程、药学、医学影像技术、医学检验技术、健康服务与管理、卫生检验与检疫、临床工程技术等多个特色专业。其中，临床工程技术、医疗产品管理等专业为全国首创，健康服务与管理、医学影像技术等多个专业填补K市空白。K市ED大学，应当致力于为健康中国战略实施作出更大贡献。

对接制造强国建设的K市JQ大学。制造业是国民经济的主体，是立国之本、兴国之器、强国之基。2015年国务院常务会议审议通过了《中国制造2025》，其战略目标是新中国成立一百年时，制造业大国地位更加巩固，综合实力进入世界制造强国前列。K市JQ大学是以工学为主的K市属重点建设的应用研究型大学。2016年中共中央、国务院、中央军委印发《关于经济建设和国防建设融合发展的意见》，同年，JQ大学成为国家国防科技工业局与K市人民政府共建的国防特色高校，光学、能源和自动控制三个领域被国防科技工业局批准成为国防特色学科。党的十九大报告明确提出，形成军民融合深度发展格局，构建一体化的国家战略体系和能力。K 市 JQ 大学，应当积极对接中国制造 2025、军民融合等国家重大战略。

（二）巡视视角下十九大前后 K 市事业单位从政环境状况

单位从政环境由单位组织环境与单位制度环境构成。单位组织环境主要考察加强党的领导、加强党的建设、落实全面从严治党责任情况；单位制度环境主要考察在加强党的领导、加强党的建设、落实全面从严治党责任方面违反党章党规的情况，尤其是违反党纪的情况。为了全面把握作为研究对象的 K 市事业单位从政环境状况，根据十九大前后该单位巡视反馈意见及单位整改报告中的信息，分别从问题状况、风险状况、治理状况三个维度对单位从政环境状况进行描述。参见表 5－1、表 5－2、表 5－3。

二、K 市事业单位从政环境问题再现性分析

这三家事业单位分别在 2016 年、2018 年、2019 年接受过中共 K 市委巡视组的两次巡视。2016 年的市委巡视是发生在中共十八大召开之后、中共十九大召开之前；2019 年的市委巡视是发生在中共十九大召开之后。通过对比两次巡视的反馈意见，对十九大前该单位从政环境问题在十九大后是否再现以及再现的程度进行判断，进而把握该单位从政环境治理的实际变化。

（一）K 市 NJ 大学从政环境问题再现性分析

在党的建设方面，十九大前该单位被发现领导班子建设存在问题，表现为班子成员之间沟通不够。十九大后这一问题的严重性凸显：校领导班子在自身建设上没有发挥“头雁效应”，学校对二级学院（部门）班子建设用心用力不够，领导班子执行“三重一大”决策制度不到位。十九大前

表 5-1 十九大前后 K 市 NJ 大学公职人员从政环境状况

		单位组织环境			单位制度环境	
		加强党的领导	加强党的建设	落实全面从严治党“两个责任”	违反党章党规	违反党纪
问题状况	十九大后巡视	党委学习贯彻习近平新时代中国特色社会主义思想和党的十九大精神不深入、不扎实；贯彻高校思政工作会议精神不够有力；党委驾驭全局能力不够；领导班子凝聚力、执行力不强，领导班子执行“三重一大”决策制度不到位。	学校对基层党支部建设推进指导不力；党委思想引领不到位，持续推进政治理论学习不够上心；落实意识形态工作责任制不够重视；校领导班子在自身建设上没有发挥“头雁效应”；学校对二级学院(部门)班子建设用心用力不够；选拔任用不规范，干部管理不严格，队伍建设和管理监督存在失之于宽、失之于软的问题；干部队伍年龄结构不合理，人才引进力度不够；学校各级党组织作用发挥存在薄弱环节；违反中央八项规定精神问题较多。		存在违规设岗现象；基建工程及资产管理存在违规问题。	违反中央八项规定精神问题较多；巡视组收到涉及一些领导干部的问题反映，已按规定移交有关部门处理。

续 表

		单位组织环境			单位制度环境	
		加强党的领导	加强党的建设	落实全面从严治党“两个责任”	违反党章党规	违反党纪
问题状况	十九大前巡视		班子成员之间沟通不够；执行干部选拔任用规定不够规范，专项整治工作推进力度不够，干部选拔任用基础材料不够规范；个别领导干部存在有关事项少报未报。		个别基建工程和服务项目未按规进行招投标。	个别领导涉嫌套取科研经费；个别干部涉嫌利用职权搞利益输送；违规购买发放消费卡，违规组织去外地召开会议，领导干部办公用房超标未全部整改到位，转移支付公务接待经费。巡视组收到反映一些领导干部的问题线索，已按有关规定转市纪委、市委组织部及有关部门处理。
风险状况	十九大后巡视			内控机制不完善，存在廉政风险点；财经纪律执行不严；科研课题管理不善。		

续 表

		单位组织环境			单位制度环境	
		加强党的领导	加强党的建设	落实全面从严治党“两个责任”	违反党章党规	违反党纪
风险状况	十九大前巡视			未严格执行“收支两条线制度”存在廉政风险；科研项目管理存在漏洞。		
治理状况	十九大后巡视			党委推动“四责协同”机制建设不力；压力传导层层递减；校纪委聚焦主责主业不够，问责追责不严。		
	十九大前巡视			校党委落实主体责任的自觉性和针对性不够强；纪检监察组织监督责任不到位，执纪检查偏软偏松。		

注：根据 K 市纪委监委网站公布的 2016 年、2019 年中共 K 市委巡视组两次对 K 市 NJ 大学巡视的反馈意见以及 K 市 NJ 大学的整改报告整理。

表 5－2　一九大前后 K 市 ED 大学公职人员从政环境状况

		单位组织环境			单位制度环境	
		加强党的领导	加强党的建设	落实全面从严治党“两个责任”	违反党章党规	违反党纪
问题状况	十九大后巡视	学习贯彻习近平新时代中国特色社会主义思想和党的十九大精神不深入；贯彻落实市委市政府重大决策部署不够有力；坚持和加强党的全面领导不到位；民主集中制原则落实不够；推进三校融合力度不大；从严治校问题较多。	思政工作生命线作用发挥较弱；意识形态工作存在隐患；干部使用不够严格规范；干部评优考核把关不严；基层党建弱化虚化；群众观念淡薄；解决群众反映比较强烈的作风问题差距较大。			违反中央八项规定精神问题时有发生；巡视组收到涉及一些领导干部的问题反映，已按规定转有关部门处理。
	十九大前巡视		学校系列案件发生后，利用身边人、身边事对全体党员干部进行教育警示不够；部分拟提任干部未如实申报个人有关事项；个别干部提任不符合有关规定；个别基层党组织党建工作比较薄弱。		原医药高等专科学校对整改工作落实不够，有以建章立制代替具体问题整改的倾向，部分问题整改不到位。	个别干部违规兼职取酬；存在违规发放钱款问题；检查组收到涉及一些领导干部的问题反映，已按规定转有关部门处理。

续 表

		单位组织环境			单位制度环境	
		加强党的领导	加强党的建设	落实全面从严治党“两个责任”	违反党章党规	违反党纪
风险状况	十九大后巡视			权力资源相对集中部门管理较差，廉政风险突出。		
	十九大前巡视			个别项目招投标不规范。		
治理状况	十九大后巡视			党委主体责任落实不够有力；监督执纪问责有薄弱环节；全面从严治党主体责任和监督责任层层递减，“四责协同”机制没有落实；落实中央八项规定精神差距较大。		
	十九大前巡视			管党治党不够严，执纪偏宽松软。		

注：根据K市纪委监委网站公布的2016年、2019年中共K市委巡视组两次对K市ED大学巡视的反馈意见以及K市ED大学的整改报告整理。

表 5－3　十九大前后 K 市 JQ 大学公职人员从政环境状况

		单位组织环境			单位制度环境	
		加强党的领导	加强党的建设	落实全面从严治党“两个责任”	违反党章党规	违反党纪
问题状况	十九大后巡视	深入学习贯彻习近平新时代中国特色社会主义思想和党的十九大精神不到位；落实培养社会主义建设者和接班人要求有差距；干事创业氛围不浓。	党组织政治功能体现不明显；意识形态工作存在薄弱环节；党支部工作记录存在相关问题；党内政治生活不严肃不规范；基层党组织建设弱化虚化；发展学生党员工作存在问题；规则规矩意识淡薄。		落实巡视整改不深不实，责任担当不够，“后半篇文章”质量不高。	违反中央八项规定精神问题仍然突出（会议偏多、时间偏长；违规发放津补贴；公款购买月饼、制作贺卡）。
	十九大前巡视		下属单位存在长期以党政联席会议代替党委会。			校属房产出租、转租过程中存在问题；校属企业转制决策和监管方面存在问题；科研经费违规使用问题突出；个别领导存在违规兼职取酬；违规组织公款旅游；违规组织到外省市召开工作会议；下属单位举办校庆活动存在铺张浪费。

续 表

		单位组织环境			单位制度环境	
		加强党的领导	加强党的建设	落实全面从严治党“两个责任”	违反党章党规	违反党纪
风险状况	十九大后巡视			重点领域关键环节管控缺失（财务把关不严；合同管理不严）。		
	十九大前巡视		超职数配备、护照收缴、干部退休后返聘专项治理工作不规范；执行《干部选拔任用工作条例》不够严格；用人决策把关还不够严格；对执行干部监督制度不严格。	对科研项目管理缺乏制度规范，执行监管不严；工程建设项目程序不规范，承建方过于集中，存在廉政风险。		
治理状况	十九大后巡视			党委主体责任落实不到位；纪委监督执纪问责宽松软；下属单位纪委“好人主义”严重，不敢严肃执纪。		
	十九大前巡视			党委落实全面从严治党主体责任不到位；纪委履行监督责任缺失，监督执纪不严。		

注：根据 K 市纪委监委网站公布的 2016 年、2018 年中共 K 市委巡视组两次对 K 市 JQ 大学巡视的反馈意见以及 K 市 JQ 大学的整改报告整理。

该单位还被发现干部管理方面的问题，表现为执行干部选拔任用规定不够规范，专项整治工作推进力度不够，干部选拔任用基础材料不够规范；个别领导干部存在有关事项少报未报。十九大后仍被发现存在干部管理不够严格的问题，表现为存在队伍建设和管理监督存在失之于宽、失之于软的问题。

在全面从严治党方面，十九大前该单位党委与纪委存在落实全面从严治党主体责任与监督责任不力问题，表现为校党委落实主体责任的自觉性和针对性不够强；纪检监察组织监督责任不到位，执纪检查偏软偏松。十九大后这一问题在该单位党委与纪委同样存在，表现为党委推动“四责协同”机制建设不力，压力传导层层递减；校纪委聚焦主责主业不够，问责追责不严。此外，该单位的廉政风险在中共十九大前后持续存在。十九大前该单位个别基建工程和服务项目未按规定进行招投标，未严格执行“收支两条线制度”，存在廉政风险，科研项目管理存在漏洞。十九大后该单位内控机制仍然不完善，基建工程及资产管理仍然存在违规问题，财经纪律执行仍然不严，科研课题管理仍然不善。

在违反党章党规党纪方面，十九大前后，该单位基建工程领域的违规问题、违反中央八项规定精神问题、群众举报领导干部涉嫌违纪问题持续存在。

由于十九大前巡视反馈意见中未出现对该单位加强党的领导方面的反馈意见，因此，无法从这一方面进行从政环境问题再现率分析。对比两次巡视反馈意见，从政环境问题再现的领域涉及党的建设、全面从严治党、违反党章党规党纪，这三个领域十九大前巡视发现的问题在十九大后巡视反馈中再现的比率接近90%。该单位一系列从政环境问题的再现（长期存在）具有内在的关联性：由于该单位长期不重视班子建设，导致干部管理监督不严的问题长期存在；由于干部管理监督不严问题长期存在，导致违反中央八项规定精神问题、群众举报领导干部涉嫌违规问题长期存在。由于该单位全面从严治党“两个责任”长期未落实，导致廉洁风险长期存在；由于廉洁风险长期存在，导致重要领域违规问题长期存在。

(二)K 市 ED 大学从政环境问题再现性分析

在党的建设方面,有些从政环境问题长期存在,例如,十九大前发现该单位个别基层党组织党建工作比较薄弱,十九大后这一问题仍然存在,表现为基层党建弱化虚化。有些从政环境问题已经转化,例如,十九大前存在个别干部提任不符合有关规定问题,十九大后存在干部使用不够严格规范。有些从政环境问题已经解决,例如,十九大前存在部分拟提任干部存在未如实申报个人有关事项问题,十九大后未被发现。有些从政环境问题由点到面扩大开来,例如,十九大前学校系列案件发生后,利用身边人、身边事对全体党员干部进行教育警示不够,十九大后思想教育问题更为突出,被发现思政工作生命线作用发挥较弱,意识形态工作存在隐患。

在落实全面从严治党责任方面,十九大前存在管党治党不够严的问题,表现为执纪偏宽松软。十九大后同样存在管党治党不够严的问题,而且表现形式更为多样化,具体表现为全面从严治党主体责任和监督责任层层递减,“四责协同”机制没有落实;监督执纪问责有薄弱环节。在防止廉洁风险方面,十九大前被发现存在个别项目招投标不规范问题;十九大后廉洁风险呈现由小到大、由低到高的趋势,由个别项目上的风险扩大为权力资源相对集中部门的风险,由规范性层面的廉政风险提升为突出的廉政风险。

在违反党章党规党纪方面,十九大前该单位共经历了两次 K 市委巡视组巡视,十九大前的第二次巡视(属于对十九大前的第一次巡视的“回头看”)中发现原医药高等专科学校对整改工作落实不够,有以建章立制代替具体问题整改的倾向,部分问题整改不到位。十九大后事实上仍然存在整改不彻底的问题。十九大前就存在违反中央八项规定精神问题,十九大后违反中央八项规定精神问题仍然时有发生,而且被认为解决群众反映比较强烈的作风问题差距较大,突出表现为落实中央八项规定精神差距较大。群众在市委巡视组巡视中举报领导干部涉嫌违纪问题在十九大前后持续存在。

由于十九大前巡视反馈意见中未出现对该单位加强党的领导方面的反馈意见，因此，无法从这一方面进行从政环境问题再现率分析。对比两次巡视反馈意见，从政环境问题再现的领域涉及党的建设、全面从严治党、违反党章党规党纪，这三个领域十九大前巡视发现的问题在十九大后巡视反馈中再现的比率接近90%。原医药高等专科学校系列案件的发生对该校公职人员的从政环境造成了严重影响，虽然该单位在十九大前后经历了三次巡视（十九大前两次、十九大后一次），但是，从政环境问题积重难返。十九大前存在的思想政治教育缺失、管党治党不严、廉洁风险、落实中央八项规定精神差距大等问题，不仅在十九大后再现，而且趋于严重。这些方面是政治生态或从政环境趋于恶化的重要特征。该单位虽然经历了多次自上而下的巡视监督，虽然群众反应强烈，但仍然存在落实中央八项规定精神差距大的问题，说明该单位一些党员干部存在着强烈的顶风违纪的意识与行为，这成为该单位从政环境净化的严重障碍。同时，该单位思想政治教育缺失、管党治党不严问题趋于严重，说明该单位自我净化能力已经趋于弱化。廉洁风险加剧，说明防控腐败机制出现制度性漏洞。

（三）K市JQ大学从政环境问题再现性分析

在党的建设方面，该单位十九大前被巡视发现的主要问题是有关干部选用、管理与监督层面的。例如，用人决策把关还不够严格；执行《干部选拔任用工作条例》不够严格；对执行干部监督制度不严格；超职数配备、护照收缴、干部退休后返聘专项治理工作不规范，在十九大后这些问题未被再次发现。

在落实全面从严治党责任方面，十九大前该单位党委落实全面从严治党主体责任不到位，纪委履行监督责任缺失，监督执纪不严。十九大后这类问题并未改善，尤其是该校下属单位纪委“好人主义”严重，不敢严肃执纪问题。十九大前在科研项目管理、工程建设上存在廉洁风险，十九大后在重点领域关键环节仍然存在管控缺失问题，表现为财务把关不严、合同管理不严。

在违反党章党规党纪方面，十九大后落实十九大前巡视整改不深不实，责任担当不够，“后半篇文章”质量不高。违反中央八项规定精神问题仍然突出。

由于十九大前巡视反馈意见中未出现对该单位加强党的领导方面的反馈意见，因此，无法从这一方面进行从政环境问题再现率分析。对比两次巡视反馈意见，从政环境问题再现的领域涉及党的建设、全面从严治党、违反党章党规党纪，这三个领域十九大前巡视发现的问题在十九大后巡视反馈中再现的比率接近75%。尽管十九大后被发现针对十九大前的巡视整改存在不深不实、质量欠佳问题，但还是能够说明巡视对该单位改善从政环境发挥了一定的作用，十九大前存在的一部分从政环境问题已经解决。当然，也应当看到单位从政环境的净化不可能毕其功于一役，全面从严治党需要有一个循序渐进的净化过程。

三、K市事业单位从政环境状况与教育部直属事业单位从政环境状况相似性分析

对上述这三家K市事业单位从政环境状况进行相似度分析，需要寻找合适的参照对象。参照对象应当满足的条件如下：首先，与被研究对象具有同样性质的单位。因为只有同样性质的单位，公职人员从业特点及其从政环境才具有相似性。其次，参照单位的巡视应当与研究单位的巡视处于同一时期。因为十九大前后巡视的标准、要求、方式等因素有所不同。第三，对参照单位巡视的机构应当具有一定的权威性，该机构的巡视反馈意见具有可信度。第四，参照单位应当具有一定的数量，以便能够从中概括出参照单位在特定时间内从政环境中具有普遍性的问题。鉴于作为研究对象的K市三个事业单位是属于高校单位，本书选择教育部党组在中共十九大后进行巡视的直属高校作为参照对象。

2016年以来，教育部党组根据中央要求对直属高校、直属单位党组

织开展巡视。对巡视对象每五年至少巡视一次，实现巡视全覆盖。中共十九大后，2018年4月至2019年5月教育部党组对15所教育部直属高校[①]分批开展了2018年第一轮、2018年第二轮、2019年第一轮巡视工作。这些单位在组织环境以及制度环境中存在的共性问题及主要表现如下：

（1）在加强党的领导方面。被巡视单位党组织能够坚持以习近平新时代中国特色社会主义思想为指导，但是学习贯彻习近平新时代中国特色社会主义思想和党的十九大精神、落实中央和部党组决策部署抓而不紧，落而不实，贯彻高校思政工作会议精神不够有力。党委领导核心作用发挥不充分，有的加强党对学校全面领导自觉意识不够强，对方向性、全局性工作研究不够、部署不多；有的领导班子领导力不够强，议事规则不清；有的主动作为不够，开拓创新意识不强，破难题促发展的魄力和干劲不足。

（2）在加强党的建设方面。被巡视单位党委履行党建主体责任不严不实，有的党建责任向基层延伸、压力传导不够；有的阵地意识模糊，思想政治和意识形态工作针对性不强，存在薄弱环节；有的党务工作队伍配备没有达到标准；有的基层党组织建设薄弱。被巡视单位党委贯彻新时代党的组织路线不到位，有的干部队伍建设缺乏长远规划和统筹安排，干部队伍结构不合理；有的执行选人用人制度不严格；有的管理监督干部宽松软；有的单位形式主义、官僚主义依然存在。

（3）在落实全面从严治党主体责任和监督责任方面。被巡视单位党组织落实全面从严治党“两个责任”问题突出，有的落实党委主体责任不力；有的纪委监督执纪问责宽松软；有的领导班子成员履行“一岗双责”不到位；有的单位腐败风险隐患仍然存在。

（4）在违反党章党规方面。上一轮巡视整改工作普遍存在问题。有

---

① 教育部党组2018年第一轮巡视西南大学、中国石油大学、合肥工业大学、中南财经政法大学；2018年第二轮巡视对外经济贸易大学、华中师范大学、西南交通大学、东北林业大学、国家开放大学；2019年第一轮巡视中国政法大学、湖南大学、华南理工大学、西安电子科技大学、陕西师范大学、长安大学。对这些单位的巡视反馈意见，参见教育部网站，www.moe.gov.cn/s78/A28/s7819/s8173/xsxxgk_201902/，访问日期2020年3月20日。

的存在"过关"思想，上一轮巡视整改主体责任落实不到位，整改任务完成不彻底；有的整改成效不明显，群众满意度不高。

(5) 在违反党纪方面。有的单位违反中央八项规定和实施细则精神问题禁而不绝；有的单位巡视组收到涉及一些领导干部的问题反映。

中共十九大后，在《中国共产党巡视工作条例》的统一规范下，无论是中共K市委还是教育部党组，对市属高校与部属高校展开的巡视工作，都是按统一的要求进行的，具有鲜明的"套餐式"政治体检的特征。这为从政环境问题相似度分析提供了前提。

(一) K市NJ大学从政环境状况与教育部直属高校从政环境状况相似性分析

在加强党的领导方面，在中共十九大后，K市NJ大学党委学习贯彻习近平新时代中国特色社会主义思想和党的十九大精神不深入、不扎实，贯彻高校思政工作会议精神不够有力；党委驾驭全局能力不够；领导班子凝聚力、执行力不强。这与教育部直属高校存在的学习贯彻党的指导思想与党中央及教育部有关精神、党委的全面领导意识、领导班子领导力等方面存在的问题完全相似。

在加强党的建设方面，中共十九大后教育部直属高校在落实党建责任、思政工作、干部队伍建设(党务人员配备)与管理、基层党组织建设、作风建设等方面存在问题。在加强党的建设方面，十九大后K市NJ大学存在的从政环境问题的类型与教育部直属高校从政环境问题的类型十分相似，具体表现形式上存在着差异。K市NJ大学，在党建责任落实上，对基层党支部建设推进指导不力；在思想引领上，党委工作不到位，持续推进政治理论学习不够上心，落实意识形态工作责任制不够重视；在干部队伍建设上，干部队伍年龄结构不合理，人才引进力度不够，尤其是在班子建设上，校领导班子在自身建设上没有发挥"头雁效应"，学校对二级学院(部门)班子建设用心用力不够；在干部队伍管理上，选拔任用不规范，干部管理不严格，监督存在失之于宽、失之于软；在基层党组织功能发挥上，也存在薄弱环节；在作风建设上，违反中央八项规定精神问题较多。

在落实全面从严治党主体责任和监督责任方面，K市NJ大学党委推动“四责协同”机制建设不力，压力传导层层递减，校纪委聚焦主责主业不够，问责追责不严。这说明校党委、校纪委、党委一把手、校分管领导在全面从严治党方面工作中表现不力，而且作为学校全面从严治党四个关键性环节，影响到学校全面从严治党整体效果，压力传导出现了递减趋势。这与教育部直属高校在巡视中发现的从政环境问题，如落实党委主体责任不力；纪委监督执纪问责宽松软；领导班子成员履行“一岗双责”不到位等，具有相似性。

在违反党章党规党纪方面，K市NJ大学未出现教育部直属高校普遍存在的上一轮巡视整改不力问题。但是，同样存在违规违纪问题较多的问题。例如，存在违规设岗现象；基建工程及资产管理存在违规问题；违反中央八项规定精神问题较多；巡视组还收到群众涉及一些领导干部的问题反映。

K市NJ大学与教育部直属高校在党的领导、党的建设、落实从严治党责任、违反党章党规党纪等方面的从政环境问题存在较高程度的相似性，是有原因的。之所以K市NJ大学与教育部直属高校都存在党的领导弱化的问题，因为导致这一问题的原因是相似的，都存在学习、贯彻党的指导思想、党中央精神、教育部要求不深不实的问题。这些因素导致了党组织领导力的弱化。之所以K市NJ大学与教育部直属高校都存在党的建设缺失的问题，因为两者在党建领域存在的问题类型是相似的，这些问题类型涉及党建责任、思政工作、干部队伍建设与管理、基层党组织建设、作风建设等方面。之所以K市NJ大学与教育部直属高校都存在全面从严治党不力的问题，因为党委未尽到主体责任、纪委未尽到监督责任、领导干部未尽到领导责任，对于K市NJ大学与教育部直属高校是共性问题。之所以K市NJ大学与教育部直属高校都存在违规违纪较多的问题，因为党的领导弱化、党的建设缺失、全面从严治党不力是两者的共性问题，这些共性问题对学校的违规违纪现象有直接的影响。

（二）K市ED大学从政环境状况与教育部直属高校从政环境状况相似性分析

在加强党的领导方面，K市ED大学存在的主要问题与教育部直属高校是相类似的。中共十九大后，教育部直属高校普遍存在学习贯彻习近平新时代中国特色社会主义思想和党的十九大精神不扎实、落实教育部文件精神不够有力、全面领导不到位、领导班子议事规则不清的问题。K市ED大学则存在学习贯彻习近平新时代中国特色社会主义思想和党的十九大精神不深入、贯彻落实市委市政府重大决策部署不够有力、坚持和加强党的全面领导不到位、民主集中制原则落实不够的问题。这四个问题与上述教育部直属高校在加强党的领导方面存在的四个问题是相类似的。

在加强党的建设方面，教育部直属高校在中共十九大后存在思想引领、干部管理、基层党建、作风建设等方面的问题。在问题类型上，K市ED大学与教育部直属高校基本上是相似的，表现形式上略有差异。在思想引领上，K市ED大学思政工作生命线作用发挥较弱，意识形态工作存在隐患。在干部管理上，K市ED大学干部使用不够严格规范，干部评优考核把关不严。在基层党建上，K市ED大学存在弱化虚化问题。在作风建设上，K市ED大学解决群众反映比较强烈的作风问题差距较大。

在落实全面从严治党主体责任和监督责任方面，教育部直属高校在中共十九大后落实全面从严治党"两个责任"问题普遍比较突出，有的单位腐败风险隐患仍然存在。K市ED大学存在完全类似的问题：党委主体责任落实不够有力；监督执纪问责有薄弱环节；全面从严治党主体责任和监督责任层层递减，"四责协同"机制没有落实；权力资源相对集中部门管理较差，廉政风险突出；落实中央八项规定精神差距较大。

在违反党章党规党纪方面，教育部直属高校上一轮巡视整改工作普遍存在问题，有的单位违反中央八项规定和实施细则精神问题禁而不绝；有的单位巡视组收到涉及一些领导干部的问题反映。K市ED大学，不仅存在巡视整改问题(表现为对整改工作落实不够，有以建章立制代替具体问题整改的倾向，部分问题整改不到位)，而且存在违反中央八项规定精神的问题，巡视组还收到涉及一些领导干部的问题反映。

2014年K市ED大学前任主要校领导因涉嫌严重违纪违法被移送司法机关查处。这一典型的单位集体职务犯罪问题的发生，说明该单位的组织环境与制度环境遭受了严重破坏。经中共 K 市委对该单位多次巡视后，有些问题仍然整改不到位，有些问题仍然积重难返，说明该单位从政环境存在系统性治理问题。这也在一定程度上能够解释 K 市 ED 大学从政环境问题与教育部直属高校从政环境问题存在多方面的相似性（有的是问题内容相似，有的是问题类型相似，有的是问题表现相似）且相似度高的原因。

（三）K 市 JQ 大学从政环境状况与教育部直属高校从政环境状况相似性分析

在加强党的领导方面，"学习贯彻习近平新时代中国特色社会主义思想和党的十九大精神"与"贯彻习近平新时代中国特色社会主义思想和党的十九大精神"是相辅相成的两个方面，任何一个方面的欠缺都不有利于加强党的领导的工作。K 市 JQ 大学与教育部直属高校存在同样这两个方面的问题。从巡视反馈意见中可以发现，中共十九大后 K 市 JQ 大学深入学习贯彻习近平新时代中国特色社会主义思想和党的十九大精神不到位，落实培养社会主义建设者和接班人要求有差距，干事创业氛围不浓。

在加强党的建设方面，教育部直属高校由于党建责任未能有效落实，在党的政治建设、思想建设、组织建设、作风建设、纪律建设、制度建设方面都存在不同程度的欠缺。K 市 JQ 大学，在政治建设上党组织政治功能体现不明显，落实巡视整改不深不实；在思想建设上，意识形态工作存在薄弱环节；在组织建设上，党支部工作记录存在相关问题，党内政治生活不严肃不规范，基层党组织建设弱化虚化，发展学生党员工作存在问题；在作风建设上，违反中央八项规定精神问题仍然突出；在纪律建设上，规则规矩意识淡薄；在制度建设上，重点领域关键环节存在制度性管控缺失。比较来看，在从政环境问题涉及的具体领域上，是相似的，表现形式上略有差异。

在落实全面从严治党主体责任和监督责任方面，教育部直属高校在中共十九大后落实全面从严治党"两个责任"问题普遍比较突出。K 市

JQ大学同样存在党委主体责任落实不到位、纪委监督执纪问责宽松软的问题。其中，该校下属单位纪委在落实全面从严治党责任方面的问题特别突出，表现为“好人主义”严重，不敢严肃执纪。

在违反党章党规党纪方面，K市JQ大学不仅存在教育部直属高校落实巡视整改不深不实的问题，而且存在违反中央八项规定精神问题突出的问题。

从以上多视角的相似度分析可见，党的领导弱化、党的建设缺失、全面从严治党不力，是K市JQ大学与教育部直属党校共同存在的问题，这也是两者从政环境状况相似度高的原因。也正是因为在加强党的领导、加强党的建设、落实全面从严治党主体责任和监督责任方面存在相似的问题，在违反党章党规党纪方面的问题，两者的相似度也比较高。

四、K市事业单位从政环境治理能力与从政环境状况的因果性分析

上级巡视对于单位从政环境的政治“体检”，虽然通常是间接的、短暂的，但却是清晰的、标准化的。上级巡视需要借助间接、短暂的“接触”及时诊断单位从政环境的状况，就是否偏离规范及正常状况作出判断，以“唤醒”对自身状况尚处于模糊认识阶段的一些单位及其成员。通过制度化“唤醒”以及强制性“整改”的双重作用，促进单位从政环境治理能力的提高及从政环境状况的改善，当然，能否产生“唤醒”以及“整改”的实际效果，还要看单位党组织自身的觉悟及修复能力。

（一）K市NJ大学从政环境治理能力与从政环境状况的因果性分析

从中共十九大后巡视反馈意见看，K市NJ大学存在的违纪违规问题仍然较多、廉政风险长期存在，这与该校全面从严治党的主体责任、监

督责任、领导责任未能落实直接相关。巡视意见中明确指出：党委推动"四责协同"机制建设不力；压力传导层层递减；校纪委聚焦主责主业不够，问责追责不严。尽管十九大前的巡视中已经发现该校存在"校党委落实主体责任的自觉性和针对性不够强；纪检监察组织监督责任不到位，执纪检查偏软偏松"的问题，但经过巡视，仍然没有被彻底"唤醒"及有效"整改"，管党治党责任缺失是导致从政环境问题长期得不到有效治理的根源。从党建视角来分析，干部管理是组织建设的重要内容，全面从严治党关键是要从严治吏。K市NJ大学在十九大前后一直在干部使用及管理上存在宽与软的问题；在领导班子自身建设上长期存在用心用力不够的问题。在管理治党关键环节上的失职失责，是违纪违规问题较多的重要原因。

（二）K市ED大学从政环境治理能力与从政环境状况的因果性分析

2014年原K市ED大学曾发生单位内部职务犯罪窝案，数名干部受到党纪国法惩处。但是，这样典型的单位案件的发生并没有引起单位党组织对从政环境治理的足够重视，进而有效提升自身的治理能力，这可以从案件发生后的该单位党组织具体表现中得到印证：在对警示教育的态度上，十八大后第二次巡视（十九大前）中被发现学校系列案件发生后，利用身边人、身边事对全体党员干部进行教育警示不够；在落实从严治党的责任上，十八大后第二次巡视（十九大前）中发现管党治党不够严，执纪偏宽松软，十九大后巡视中仍然发现监督执纪问责有薄弱环节，监督责任层层递减；在对干部的使用管理上，十八大后第二次巡视（十九大前）中发现个别干部提任不符合有关规定，十九大后巡视中仍然发现干部使用不够严格规范；在对重要领域的腐败防控上，十八大后第二次巡视（十九大前）中发现个别项目招投标不规范，十九大后巡视中仍然发现权力资源相对集中部门管理较差，廉政风险突出。这样的情况可以解释，为什么该单位在腐败窝案被揭示后虽然已经经历了三次巡视，但是仍然违反中央八项规定精神问题时有发生，腐败风险突出，巡视组会收到对领导干部问题的反映。

（三）K市JQ大学从政环境治理能力与从政环境状况的因果性分析

2017年8月K市教卫工作党委召开高校党委书记沙龙交流会议，聚焦“为官不为”问题，K市JQ大学党委围绕飞行检查整改交流了“为官不为”的原因和对策建议。但是“为官不为”的问题并没有在该单位得到根本解决。中共十九大后K市JQ大学从政环境治理能力存在着欠缺之处。这一判断基于以下两方面的2018年巡视反馈意见：由于单位党组织责任担当不够，落实十九大前的巡视整改不深不实；全面从严治党“两个责任”未落实，单位内部“好人主义”问题严重，纪委不敢严肃执纪。单位党组织明知问题存在，却不愿纠正、不敢纠正、不能彻底纠正，这是从政环境治理失责、失能的表现。由此导致的后果是一些从政环境的问题长期得不到解决，表现为：一是十九大后重点领域关键环节仍然管控缺失，二是违反中央八项规定精神问题仍然突出。

第六章
国企单位从政环境治理分析：以 K 市单位为例

国有企业，是指一个国家的中央政府或地方政府投资参与控制的企业。通常，政府的意志和利益会深刻影响着国有企业的行为。国有企业的营利性体现为追求国有资产的保值和增值。在我国，国家保障国有经济的巩固和发展，国有企业是我国国民经济中的中流砥柱，是中国特色社会主义国家政权的重要经济基础。国有企业职工及其党员是中国共产党执政需要依靠的重要群众基础与组织基础。我国是工人阶级领导的、以工农联盟为基础的人民民主专政的社会主义国家，国有企业职工是中国工人阶级队伍中的重要代表。中国共产党是中国工人阶级的先锋队，国有企业中的党员在中国共产党党员队伍中占有相当大的比例。因此，国有企业是中国特色社会主义的重要物质基础和政治基础。国有企业应当认真落实党中央关于推进国有企事业单位改革发展的决策部署，切实加强本单位党的建设工作，充分发挥党组织的重要作用。

本书选择了三家与加快建设现代化经济体系，推动高质量发展、创造高品质生活，推动“三农”工作相适应的 K 市属国有企业，作为国企性质单位公职人员从政环境治理考察对象。

一、K市国企单位主要职能及从政环境状况

（一）作为研究对象的K市国企单位的主要职能

推动现代服务业的SY(集团)有限公司。为了积极打造高品质的著名旅游城市，2018年K市人民政府印发的《关于促进K市旅游高品质发展加快建成世界著名旅游城市的若干意见》指出：推出一批以K市国际旅游度假区为代表的休闲度假好去处。要加快推动K市国际旅游度假区的开发建设，在核心项目持续建设和功能提升的基础上，推进完善综合配套体系。2010年正式注册成立的SY(集团)有限公司是经市政府批准设立的新型功能类全国资国有企业，主要负责与外国公司合作，共同投资、建设和运营K市主题乐园及配套设施，同时承担K市国际旅游度假区的土地开发、基础设施建设和相关产业发展任务。SY(集团)有限公司，应在支撑K市现代服务业、推动建设著名旅游城市中发挥积极作用。

推动高品质生活的QW集团。旅游业会带动相关产业和社会经济活动的全面发展，是我国经济发展的支柱性产业之一。2018年K市人民政府印发的《关于促进K市旅游高品质发展加快建成世界著名旅游城市的若干意见》指出：促进旅游住宿业面向国际、树立品牌，更好地满足日益多元化、个性化的市场需求。QW集团是K市国资委全资控股的综合性酒店旅游企业集团之一，拥有酒店、旅游、客运三大核心主业，初步形成了以酒店为核心的旅行服务产业链。酒店业是竞争性极强的产业，“QW”作为80多年历史的中国民族品牌企业，应当积极对标一流，努力建设知名酒店管理集团。

推动“三农”工作的FD供销合作总社。供销合作社，不仅是为农服务的合作经济组织，是沟通城乡交流的重要渠道，而且是党和政府做好“三农”工作的重要载体，是密切联系农民群众的桥梁和纽带，是新形势下推动农村经济社会发展不可替代、不可或缺的重要力量。FD供销合作总社，应当坚持为农服务的方向，适应农业农村经济发展，不断开创

特大型城市供销合作事业的新局面，为建设社会主义新农村作出新的贡献。

（二）巡视视角下十九大前后 K 市国企单位从政环境状况

单位从政环境由单位组织环境与单位制度环境构成。单位组织环境主要考察加强党的领导、加强党的建设、落实全面从严治党责任情况；单位制度环境主要考察在加强党的领导、加强党的建设、落实全面从严治党责任方面违反党章党规的情况，尤其是违反党纪的情况。为了全面把握作为研究对象的 K 市国企单位从政环境状况，根据十九大前后该单位巡视反馈意见及单位整改报告中的信息，分别从问题状况、风险状况、治理状况三个维度对单位从政环境状况进行描述。参见表 6 - 1、表 6 - 2、表 6 - 3。

二、K 市国企单位从政环境问题再现性分析

这三家国有企业性质单位分别在 2015—2016 年以及 2019 年接受过中共 K 市委巡视组的两次巡视。2015—2016 年的 K 市委巡视组巡视是发生在中共十八大召开之后、中共十九大召开之前；2019 年的 K 市委巡视组巡视是发生在中共十九大召开之后。通过对比两次巡视的反馈意见，对十九大前该单位从政环境问题在十九大后是否再现以及再现的程度进行判断，进而把握该单位从政环境治理的实际变化。

（一）SY（集团）有限公司从政环境问题再现性分析

在党的建设方面，十九大前 SY（集团）有限公司党委执行干部选拔任用、监督管理制度不够严，导致选人用人工作不够规范，巡视组认为该单位干部队伍建设有待进一步提高。十九大后该单位执行干部选拔任用制度仍然不够严格，巡视组认为该单位干部队伍建设亟须加强。

表 6-1　十九大前后 K 市 SY(集团)有限公司公职人员从政环境状况

		单位组织环境			单位制度环境	
		加强党的领导	加强党的建设	落实全面从严治党“两个责任”	违反党章党规	违反党纪
问题状况	十九大后巡视	学习贯彻习近平总书记在全国国有企业党的建设工作会议上的重要讲话精神紧迫感不强、主动性不够;贯彻市委对集团功能定位、发展要求有差距;集团建立现代企业制度改革缓慢;集团领导人依法治理企业管理理念不强;集团市场运作能力较弱,存在较大经营风险。	执行干部选拔任用制度不够严格,干部队伍建设亟须加强,基层党建工作不够扎实。	贯彻推进全面从严治党战略责任意识不够强。	巡视整改工作认识有偏差;整改工作“打折扣”,整改效果不理想;已整改的问题仍频繁发生;对整改建立的制度笼子不够紧密。	巡视组收到反映一些领导干部的问题线索,已按相关规定转市纪委监委、市委组织部等有关方面处理。
	十九大前巡视		选人用人工作不够规范,干部队伍建设有待进一步提高。			违规发放消费卡和津补贴;公款送礼;违规组织赴外地开会并公款旅游;因公出国(境)不规范;巡视组收到反映一些领导干部的问题线索,已按有关规定转市纪委、市委组织部及有关部门处理。

续 表

		单位组织环境			单位制度环境	
		加强党的领导	加强党的建设	落实全面从严治党“两个责任”	违反党章党规	违反党纪
风险状况	十九大后巡视			集团内控管理薄弱；存在利益输送、国资流失隐患。		
	十九大前巡视			执行“三重一大”制度不严格；廉政风险防控存在薄弱环节；工程建设和采购领域的招投标制度执行不严；内控制度不完善，国有资产监管不力。		
治理状况	十九大后巡视	党委发挥政治领导作用不够充分。	党委履行选人用人主体责任不到位；党委执行干部选拔任用、监督管理制度不够严。	履行落实“两个责任”不到位；党委贯彻落实“四责协同”机制走形式。	党委对整改工作领导不力。	
	十九大前巡视			党委主体责任落实不够有力，各级干部对“一岗双责”重视不够，落实不到位；纪委监督责任履行不够到位，执纪监督不严。		

注：根据 K 市纪委监委网站公布的 2016 年、2019 年中共 K 市委巡视组两次对 SY(集团)有限公司巡视的反馈意见以及 SY(集团)有限公司的整改报告整理。

表 6-2　十九大前后 K 市 QW(集团)有限公司公职人员从政环境状况

		单位组织环境			单位制度环境	
		加强党的领导	加强党的建设	落实全面从严治党“两个责任”	违反党章党规	违反党纪
问题状况	十九大后巡视	学习贯彻习近平新时代中国特色社会主义思想和党的十九大精神不够深不够实不够透;落实中央做强做优做大国有企业要求有偏差。	政治生活原则性不够强,政治生态建设还不够,未按上级党委有关党费收缴管理规定进行党费缴纳。		巡视整改不到位,整改效果打折扣,存在违规持股历史问题等。	巡视组收到反映一些领导干部的问题线索,已按相关规定转市纪委监委、市委组织部等有关方面处理。
	十九大前巡视					个别领导在下属企业历史改制过程中涉嫌损公肥私;个别基层企业干部涉嫌返回佣金不入账,私设“小金库”;个别单位低价出售国有资源造成国资损失;个别单位存在违规购买、发放消费卡问题;巡视组收到反映一些领导干部的问题线索,已按有关规定转市纪委、市委组织部等有关部门处理。

续 表

		单位组织环境			单位制度环境	
		加强党的领导	加强党的建设	落实全面从严治党“两个责任”	违反党章党规	违反党纪
风险状况	十九大后巡视	未严格执行民主集中制原则和集团“三重一大”议事规则；存在经营风险。	违规兼职问题；到龄不退休问题；干部提名考察酝酿讨论不够充分问题。	内控机制存在廉政风险。		
	十九大前巡视		违规提高了干部待遇；部分领导垂直兼职情况过多；执行干部退休及相关制度不严；执行干部选拔任用程序不规范；干部选拔任用基础材料不规范。			
治理状况	十九大后巡视			全面从严治党不够有力，“四责协同”机制落实不到位。		
	十九大前巡视			党委落实党风廉政建设主体责任存在重视不够问题；执行中央八项规定精神不够严，“四风”问题还有反复；纪委力量不足，监督责任不到位，廉政风险防控实效不够显著。		

注：根据 K 市纪委监委网站公布的 2015 年、2019 年中共 K 市委巡视组两次对 QW(集团)有限公司巡视的反馈意见以及 QW(集团)有限公司的整改报告整理。

表 6－3 十九大前后 K 市 FD 供销合作总社公职人员从政环境状况

		单位组织环境			单位制度环境	
		加强党的领导	加强党的建设	落实全面从严治党“两个责任”	违反党章党规	违反党纪
问题状况	十九大后巡视	FD供销合作社党委贯彻落实党中央、市委决策部署不够全面、不够到位，学习贯彻习近平新时代中国特色社会主义思想和党的十九大精神，落实全国国有企业党的建设工作会议精神有落差；党的作用发挥不够充分，企业法人治理结构还不完善；落实服务“三农”的职能定位存在偏差。	党建工作责任制落实不够到位；班子自身建设存在一定差距；干部管理失之于宽、失之于软，选人用人存在偏差。		上轮巡视问题整改不彻底；干部任用违规。	违反中央八项规定精神问题时有发生；巡视组收到反映一些领导干部的问题线索，已按相关规定转市纪委监委、市委组织部等有关方面处理。
	十九大前巡视	党政主要领导在发挥党的核心作用与完善法人治理结构重大问题上存在理解和认识偏差；党委在参与企业经营决策和选任企业管理人员等重要工作	干部选拔任用程序不规范，企业干部管理使用不严格（个别企业管理人员无档案、干部个人有关事项报告填写不够规范）。			个别下属企业存在有禁不止、顶风违纪的问题（下属企业领导公款打高尔夫球；公款购买消费卡；下属个别公司超标接待；个别领导、中层管理

续　表

		单位组织环境			单位制度环境	
		加强党的领导	加强党的建设	落实全面从严治党“两个责任”	违反党章党规	违反党纪
问题状况	十九大前巡视	方面作用发挥有所缺失；对某下属企业监管不到位；未经党委会讨论决定干部任免，以理事会讨论代替党委会决定。				人员违规兼职取酬）；巡视组收到反映一些领导干部的问题线索，已按有关规定转市纪委、市委组织部等有关部门处理。
风险状况	十九大后巡视			股权转让、内控管理、工程管理等重点领域廉洁风险防控不到位；违规经营、有章不循问题突出，存在重大风险隐患。		
	十九大前巡视	“三重一大”制度执行不严格，集体决策质量不高，决策程序不规范。		政治纪律、政治规矩执行约束不够严格；工程建设项目程序不规范，存在潜在廉政风险；下属公司违规经营造成集体资产损失。		

续 表

		单位组织环境			单位制度环境	
		加强党的领导	加强党的建设	落实全面从严治党“两个责任”	违反党章党规	违反党纪
治理状况	十九大后巡视			党委管党治党不严，落实主体责任不力，存在管党治党“宽松软”问题，纪委监督执纪偏松偏软。		
	十九大前巡视			党风廉政建设主体责任落实不够；对个别下属企业存在的违规甚至违法经营问题，主动发现、及时纠正、严肃查处不够有力；落实中央八项规定精神方面不够严格；违规使用专项资金问题整改不力。		

注：根据K市纪委监委网站公布的2015年、2019年中共K市委巡视组两次对FD供销合作总社巡视的反馈意见以及FD供销合作总社的整改报告整理。

在全面从严治党方面，十九大前 SY（集团）有限公司党委主体责任落实不够有力，各级干部对“一岗双责”重视不够，落实不到位；纪委监督责任履行不够到位，执纪监督不严。十九大后该单位履行落实“两个责任”仍然不到位，党委贯彻落实“四责协同”机制走形式。十九大前该单位廉政风险防控存在薄弱环节，表现在工程建设和采购领域的招投标制度执行不严，内控制度不完善，国有资产监管不力；十九大后仍然被巡视发现该单位集团内控管理薄弱，存在利益输送、国资流失隐患。

在违反党章党规党纪方面，十九大后该单位党委针对十九大前巡视后的整改工作领导不力，对巡视整改工作认识有偏差；整改工作“打折扣”，整改效果不理想；已整改的问题仍频繁发生；对整改建立的制度笼子扎得不够紧密。十九大前巡视组收到反映一些领导干部的问题线索，十九大后巡视组仍然收到反映一些领导干部的问题线索。

由于十九大前巡视反馈意见中未出现对该单位加强党的领导方面的反馈意见，因此，无法从这一方面进行从政环境问题再现性分析。该单位十九大前存在的一部分从政环境问题在十九大后再现，主要集中在党的建设、全面从严治党、违反党章党规党纪等领域，这三个领域十九大前巡视发现的问题在十九大后巡视反馈中再现的比率接近 85%。该单位党委对上一轮巡视整改工作不重视是导致从政问题在十九大后再现的直接原因。当然，也应当看到十九大前被巡视发现的违反中央八项规定精神问题、执行“三重一大”制度不严格的问题，未在十九大后巡视反馈意见中提及。

（二）QW（集团）有限公司从政环境问题再现性分析

在党的建设方面，十九大前 QW（集团）有限公司存在部分领导垂直兼职情况过多；执行干部退休及相关制度不严；执行干部选拔任用程序不规范等方面问题。十九大后仍然存在违规兼职问题；到龄不退休问题；干部提名考察酝酿讨论不够充分问题。

在全面从严治党方面，十九大前 QW（集团）有限公司存在党委落实党风廉政建设主体责任存在重视不够；纪委力量不足，监督责任不到位；

廉政风险防控实效不够显著等问题。十九大后该单位“四责协同”机制落实不到位，内控机制仍然存在廉政风险。

违反党章党规党纪方面，十九大后该单位党委针对十九大前巡视的整改工作领导不到位，整改效果打折扣。十九大前巡视组收到反映一些领导干部的问题线索，十九大后巡视组仍然收到反映一些领导干部的问题线索。当然，一部分十九大前被巡视发现的违反廉洁纪律及中央八项规定精神问题，在十九大后未被发现。

由于十九大前巡视反馈意见中未出现对该单位加强党的领导方面的反馈意见，因此，无法从这一方面进行从政环境问题再现性分析。该单位十九大前存在的一部分从政环境问题在十九大后再现，主要集中在党的建设、全面从严治党、违反党章党规党纪等领域，这三个领域十九大前巡视发现的问题在十九大后巡视反馈中再现的比率接近90%。从巡视反馈情况看，QW(集团)有限公司，在十九大前后党的建设领域的从政环境问题主要是干部管理问题；十九大前被巡视发现整改不到位的主要也是干部管理的问题；十九大前后巡视组收到反映的问题线索也都是涉及领导干部的。全面从严治党关键是从严治吏，正是因为这个关键问题治理长期没有突破，QW(集团)有限公司十九大前从政环境问题在十九大后再现程度是比较高的。

（三）FD供销合作总社从政环境问题再现性分析

在加强党的领导方面，十九大前，2015年K市委巡视组在巡视中发现FD供销合作总社党政主要领导在发挥党的核心作用与完善法人治理结构重大问题上存在理解和认识偏差，具体表现为未经党委会讨论决定干部任免，以理事会讨论代替党委会决定，“三重一大”制度执行不严格，集体决策质量不高，决策程序不规范。2016年的全国国有企业党的建设工作会议，旨在理顺党的领导在国企中的地位与功能，FD供销合作总社未能积极、准确地加以贯彻落实。十九大后，2019年K市委巡视组再次对该单位巡视，仍然发现落实全国国有企业党的建设工作会议精神有落差，党的作用发挥不够充分，企业法人治理结构还不完善等问题。

在加强党的建设方面，十九大前在巡视中发现该单位干部选拔任用程序不规范，企业干部管理使用不严格，例如，个别企业管理人员无档案、干部个人有关事项报告填写不够规范。十九大后在巡视中仍然发现干部管理失之于宽、失之于软，选人用人存在偏差。

在全面从严治党方面，FD 供销合作总社全面从严治党"两个责任"在十九大前后一直未能有效落实。十九大前在巡视中该单位党风廉政建设主体责任落实不够，对个别下属企业存在的违规甚至违法经营问题，主动发现、及时纠正、严肃查处不够有力。十九大后仍然发现党委管党治党不严，落实主体责任不力，存在管党治党"宽松软"问题，纪委监督执纪偏松偏软。十九大前该单位存在潜在廉政风险，十九大后重点领域廉洁风险防控仍然不到位，违规经营、有章不循问题突出，存在重大风险隐患。

在违反党章党规党纪方面，十九大前巡视中发现该单位存在违反中央八项规定精神问题，巡视组收到反映一些领导干部的问题线索；十九大后巡视发现上轮巡视问题整改不彻底，违反中央八项规定精神问题仍然时有发生，巡视组仍然收到反映一些领导干部的问题线索。

该单位十九大前存在的一部分从政环境问题在十九大后再现，集中在党的领导、党的建设、全面从严治党、违反党章党规党纪领域，这四个领域十九大前巡视发现的问题在十九大后巡视反馈中再现的比率接近 85%。虽然 FD 供销合作总社在十九大前巡视中发现的政治纪律、政治规矩执行约束不够严格、"三重一大"制度执行不严格等少数问题未在十九大后巡视反馈中发现，但从上述分析得知，该单位从政环境中十九大前存在的大多数问题在十九大后再现，有些问题的表现形式虽然有变化，但这类问题并没有得到根本上扭转，总体上再现率是比较高的。

三、K 市国企单位从政环境状况与央企单位从政环境状况相似性分析

对上述这三家 K 市属国企单位从政环境状况进行相似度分析，需要

寻找合适的参照对象。参照对象应当满足的条件如下：单位属性条件。参照对象应当与研究对象一样，具有国企单位性质，并且都属于巡视对象；巡视时间条件。参照对象应当与研究对象一样，都在中共十九大后接受过巡视；巡视机构条件。巡视机构具有一定权威性，以确保反馈意见的权威性；对象数量条件。这些参照对象应当具有一定的数量规模，基于一定数量同样性质单位的巡视反馈意见能够反映此类单位的共性问题。本项研究选择中央巡视组在中共十九大后进行巡视的央企作为参照对象。2019 年 3 月至 6 月，十九届中央第三轮巡视对 42 家中管企业[①]党组织进行了常规巡视。这些单位在组织环境以及制度环境中存在的共性问题及主要表现如下：

（1）在加强党的领导方面。被巡视央企党组织坚持以习近平新时代中国特色社会主义思想为指导，但学习贯彻习近平新时代中国特色社会主义思想和党的十九大精神不够深入；贯彻落实全国国有企业党的建设工作会议精神不够扎实，党委（党组）领导作用发挥不够充分是共性问题。有的把方向、管大局、保落实不够到位，贯彻新发展理念、落实国家发展战略措施与创新驱动发展战略不够有力；有的党的领导与公司治理结构有机融合不够，有待进一步完善；有的做精做强主业办法不多；有的推动供给侧结构性改革不到位；有的防范化解重大风险不够到位；有的党委议事不够规范，“三重一大”制度落实不到位。

---

① 42 家中管企业是：中国航天科技集团有限公司、中国航天科工集团有限公司、中国航空工业集团有限公司、中国船舶工业集团有限公司、中国船舶重工集团有限公司、中国兵器工业集团有限公司、中国兵器装备集团有限公司、中国电子科技集团有限公司、中国航空发动机集团有限公司、中国石油天然气集团有限公司、中国石油化工集团有限公司、中国海洋石油集团有限公司、国家电网有限公司、中国南方电网有限责任公司、中国华能集团有限公司、中国大唐集团有限公司、国家电力投资集团有限公司、中国长江三峡集团有限公司、国家能源投资集团有限责任公司、中国电信集团有限公司、中国联合网络通信集团有限公司、中国移动通信集团有限公司、中国电子信息产业集团有限公司、中国第一汽车集团有限公司、东风汽车集团有限公司、中国一重集团有限公司、中国机械工业集团有限公司、哈尔滨电气集团有限公司、中国东方电气集团有限公司、鞍钢集团有限公司、中国宝武钢铁集团有限公司、中国铝业集团有限公司、中国航空集团有限公司、中国东方航空集团有限公司、中国南方航空集团有限公司、中国中化集团有限公司、中国五矿集团有限公司、中国建筑集团有限公司、国家开发投资集团有限公司、招商局集团有限公司、华润（集团）有限公司、中国商用飞机有限责任公司。参见中央纪委国家监委网站：《本网集中公布十九届中央第三轮巡视反馈情况》，www.ccdi.gov.cn/special/19zyxsgz/slxs_19zyxsgz/fkqk3_19zyxsgz/201908/t20190803_198330.html，发布时间为 2019 年 8 月 3 日。

（2）在加强党的建设方面。被巡视央企党委落实党建工作责任制普遍有差距。有的党建与业务存在“两张皮”问题，党建工作融入生产经营不够，存在形式主义问题；有的用科学理论引领党员干部思想行动有差距；有的干部人才队伍建设与事业发展新形势不相适应，实施人才强企战略不够有力；有的选人用人导向有偏差；有的干部选拔任用不够严格；有的抓基层党建工作不够有力，基层党组织发挥作用不够；有的组织生活不规范，党内政治生活严肃性有待加强；有的整治“四风”问题力度不够，形式主义、官僚主义仍然存在。

（3）在落实全面从严治党主体责任和监督责任方面。被巡视央企党组织落实全面从严治党战略部署不够有力，持续净化政治生态不够深入是普遍现象。有的党委履行主体责任不够到位；有的纪检监察机构履职有差距，推进企业纪检监察体制改革不够到位，执纪问责力度不够；有的责任压力传导不够；有的加强重点领域和关键环节日常监督不够到位，存在廉洁风险。

（4）在违反党章党规方面。被巡视央企普遍存在巡视整改不力的问题。有的履行中央巡视整改主体责任有偏差，对巡视移交问题线索处置不够规范，跟踪督查督办不够；有的对巡视、审计发现的问题整改不到位，缺乏一抓到底的决心和韧劲，有的问题整改不碰硬；有的整改长效机制不健全；有的以案促改、举一反三不够；有的问题边改边犯。

（5）在违反党纪方面。巡视组普遍收到反映一些中管企业领导干部的问题线索，已按有关规定转中央纪委国家监委、中央组织部等有关方面处理。有的中管企业违纪违法问题仍有发生；有的中管企业违反中央八项规定精神问题时有发生。

国有企业分为中央企业和地方国企。央企和地方国企都是具有政府背景的企业，都同样服务于国家战略。中共十九大后，上述42家央企接受中央巡视组的巡视。在同样的巡视要求下，SY（集团）有限公司、QW（集团）有限公司、FD供销合作总社接受了中共K市委巡视组的巡视。将K市属国企从政环境状况与央企从政环境状况进行相似性比较，具有一定的可比性。

（一）SY（集团）有限公司从政环境状况与央企从政环境状况相似性分析

在加强党的领导方面，中共十九大后被巡视央企普遍存在着两个问题：一是学习贯彻党的指导思想、中共十九大精神、全国国企党的建设工作会议精神不深不实的问题；二是央企党委（党组）发挥核心领导作用不够充分的问题。中共十九大后，SY（集团）有限公司在学习贯彻习近平总书记在全国国有企业党的建设工作会议上的重要讲话精神紧迫感不强、主动性不够，在发挥党委领导核心作用方面也有欠缺，具体表现在贯彻市委对集团功能定位、发展要求有差距；集团建立现代企业制度改革缓慢；集团领导人依法治理企业管理理念不强；集团市场运作能力较弱，存在较大经营风险。

在加强党的建设方面，被巡视央企党委落实党建工作责任制普遍有差距。由于党建工作责任落实有差距，导致多种问题的产生，其中比较突出的三个问题是：干部人才队伍建设与事业发展新形势不相适应；干部选拔任用不够严格；抓基层党建工作不够有力，基层党组织发挥作用不够。这三个问题，SY（集团）有限公司在十九大后的巡视中也同样被发现：干部队伍建设亟须加强；党委履行选人用人主体责任不到位，执行干部选拔任用、监督管理制度不够严；基层党建工作不够扎实。

在落实全面从严治党主体责任和监督责任方面，十九大后被巡视央企党组织落实全面从严治党战略部署不够有力是普遍现象。具体表现在落实“两个责任”不力，廉洁风险防控不力。SY（集团）有限公司贯彻推进全面从严治党战略责任意识不够强；履行落实“两个责任”不到位，党委贯彻落实“四责协同”机制走形式；集团内控管理薄弱，存在利益输送、国资流失隐患。

在违反党章党规党纪方面，十九大后被巡视央企普遍存在巡视整改不力的问题。由于SY（集团）有限公司党委对整改工作领导不力，导致巡视整改工作认识有偏差，整改工作“打折扣”，整改效果不理想，已整改的问题仍频繁发生，对整改建立的制度笼子扎得不够紧密。十九大后中央巡视组普遍收到反映一些央企领导干部的问题线索，K 市委巡视组也同样收到反映 SY(集团)有限公司一些领导干部的问题线索。

结合上述分析，SY(集团)有限公司与被巡视央企，在党的领导方面、学习贯彻能力及核心领导作用发挥上都同样存在着欠缺；在党的建设方面相类似的问题，聚焦在干部队伍建设管理及基层党建上；在落实全面从严治党主体责任和监督责任、违反党章党规党纪方面的问题相似性极高，说明目前国企党组织中管党治党不力问题是普遍存在的。

（二）QW(集团)有限公司从政环境状况与央企从政环境状况相似性分析

在加强党的领导方面，QW(集团)有限公司与被巡视央企一样，学习贯彻习近平新时代中国特色社会主义思想和党的十九大精神不够深不够实不够透，具体表现为落实中央做强做优做大国有企业要求有偏差。在发挥党委核心领导作用方面，也同样存在着欠缺之处，表现在未严格执行民主集中制原则和集团"三重一大"议事规则，存在经营风险。

在加强党的建设方面，十九大后与被巡视央企普遍存在的干部管理问题一样，QW(集团)有限公司干部存在违规兼职问题，到龄不退休问题，干部提名考察酝酿讨论不够充分问题。个别被巡视的央企党组织中存在的组织生活不规范，党内政治生活严肃性有待加强的问题，QW(集团)有限公司在这方面问题也比较突出，表现为政治生活原则性不够强，政治生态建设还不够有力，未按上级党委有关党费收缴管理规定进行党费缴纳。

在落实全面从严治党主体责任和监督责任方面，十九大后 QW(集团)有限公司全面从严治党不够有力，表现为"四责协同"机制落实不到位，内控机制存在廉政风险。这方面的情况与被巡视央企相似。

在违反党章党规党纪方面，十九大后被巡视央企普遍存在巡视整改不力的问题，QW(集团)有限公司也概莫能外，巡视整改不到位，整改效果打折扣。十九大后中央巡视组普遍收到反映一些央企领导干部的问题线索，K 市委巡视组也同样收到反映 QW(集团)有限公司一些领导干部的问题线索。

QW(集团)有限公司从政环境状况与央企从政环境状况的相似之处,有的体现在问题类型上的相似性,例如,在加强党的建设方面,涉及干部管理类的问题;有的体现在问题内容上的相似性,例如,“四责协同”机制落实不到位、巡视整改不到位、收到一些领导干部的问题线索;有的体现在问题形式上的相似性,例如,未严格执行民主集中制原则问题的表现形式是未严格执行“三重一大”议事规则。

(三)FD供销合作总社从政环境状况与央企从政环境状况相似性分析

在加强党的领导方面,市供销社党委在学习贯彻能力上存在欠缺,具体体现在贯彻落实党中央、市委决策部署不够全面、不够到位,学习贯彻习近平新时代中国特色社会主义思想和党的十九大精神、落实全国国有企业党的建设工作会议精神有落差。同时,党委的作用发挥上不够充分,具体表现为企业法人治理结构还不完善,落实服务“三农”的职能定位存在偏差。这也是中共十九大后被巡视央企普遍存在的两个问题。

在加强党的建设方面,十九大后被巡视央企党委落实党建工作责任制普遍存在差距,FD供销合作总社同样在党建工作责任制方面落实不够到位,班子自身建设存在一定差距。十九大后被巡视央企普遍存在不同类型的干部管理问题,FD供销合作总社也同样存在类似问题,表现为干部管理失之于宽、失之于软,选人用人存在偏差。

在落实全面从严治党主体责任和监督责任方面,十九大后被巡视央企党组织落实全面从严治党战略部署不够有力的具体表现是:落实“两个责任”不力,廉洁风险防控不力。FD供销合作总社党委,一方面,管党治党不严,落实主体责任不力,存在管党治党“宽松软”问题,纪委监督执纪偏松偏软;另一方面,股权转让、内控管理、工程管理等重点领域廉洁风险防控不到位,违规经营、有章不循问题突出,存在重大风险隐患。

在违反党章党规党纪方面,十九大后被巡视央企普遍存在巡视整改不力的问题,FD供销合作总社同样存在上轮巡视问题整改不彻底的问题，例如，违反中央八项规定精神问题仍然时有发生。十九大后中央巡视组普遍收到反映一些央企领导干部的问题线索，K 市委巡视组也同样收到反映 FD 供销合作总社一些领导干部的问题线索。

公职人员从政环境的相似性不一定会导致公职人员从政环境问题的相似性。但是，FD 供销合作总社的从政环境问题与十九大之后被巡视央企的从政环境问题有着高度的相似性。十九大之后被巡视央企在党的领导、党的建设、落实全面从严治党主体责任和监督责任、违反党章党规党纪方面存在的共性问题，FD 供销合作总社基本都有。这只能说明，产生这些问题的原因是相似的。

四、K 市国企单位从政环境治理能力与从政环境状况的因果性分析

单位党组织在单位从政环境治理中占据核心地位，它在从政环境治理中发挥的作用是其他相关治理主体难以替代的。从单位党组织的角色定位上，它理应对从政环境的净化与优化产生主导性的影响。当然，如果单位党组织不作为、少作为、乱作为，也会给从政环境治理带来严重的负面效应，治理绩效的提升可能会成为奢望。

（一）SY（集团）有限公司从政环境治理能力与从政环境状况的因果性分析

单位党组织巡视整改工作的成效以及落实全面从严治党“两个责任”的状况是衡量单位从政环境治理能力的两个重要方面。中共十九大后，中共 K 市委巡视组发现，SY（集团）有限公司党委对上一轮市委巡视整改工作认识有偏差，工作上领导不力，导致整改工作“打折扣”，整改效果不理想，已整改的问题仍频繁发生，对整改建立的制度笼子不够扎紧。同时，由于 SY（集团）有限公司党委贯彻推进全面从严治党战略责任意识不

够强，贯彻落实“四责协同”机制走形式，履行落实“两个责任”不到位，导致集团内控管理薄弱，存在利益输送、国资流失隐患，巡视组仍然收到反映一些领导干部的问题线索。

（二）QW（集团）有限公司从政环境治理能力与从政环境状况的因果性分析

中共十九大前，中共K市委巡视组在巡视中就发现QW（集团）有限公司党委落实党风廉政建设主体责任存在重视不够问题。中共十九大后，中共K市委巡视组在巡视中又发现QW（集团）有限公司从政环境治理能力方面的欠缺：对上一轮巡视整改不到位，整改效果打折扣；仍然发现全面从严治党不够有力，“四责协同”机制落实不到位。从政环境的治理效果通常会受制于单位党组织从政环境治理能力。这能够解释为什么QW（集团）有限公司在十九大后内控机制仍然存在廉政风险，巡视组收到反映一些领导干部的问题线索。

（三）FD供销合作总社从政环境治理能力与从政环境状况的因果性分析

中共十九大后，中共K市委巡视组在巡视中发现，FD供销合作总社党委管党治党不严，落实主体责任不力，存在管党治党“宽松软”问题。并且，对上轮巡视问题整改不彻底。十九大后FD供销合作总社党委从政环境治理能力的缺失，导致十九大后该单位出现一系列从政环境问题及风险：重点领域廉洁风险防控不到位；干部管理失之于宽、失之于软；重点领域廉洁风险防控不到位；违反中央八项规定精神问题时有发生；巡视组收到反映一些领导干部的问题线索等。

结语

第四、五、六章，立足于K市单位个案，分析了不同类型中国公职人员单位从政环境的状况。研究发现，不少单位在十九大前存在的从政环境问题会在十九大后存在高比例再现，同样性质的不同单位从政环境问题具有较高相似性。这些现象都可以说明全面从严治党战略绝非可以一蹴而就，重构中国政治生态不可能毕其功于一役，公职人员单位从政环境的净化只能是一个循序渐进的过程。如同人类只有获得了对某种病毒的免疫力，才能得到健康一样，单位从政环境中存在的“病毒”也需要找到有针对性的特效疫苗才能真正得到净化。

当然，首先要“对症”，然后才能“下药”。当前在我国的单位从政环境中，为什么会出现上述高比例再现、高比例相似的情况？由于我国单位从政环境治理的核心与主轴是单位党组织，因而，需要从单位党组织的思想意识与行为能力层面进行分析。研究发现：单位从政环境治理能力强弱与单位从政环境问题多寡之间存在明显的因果关系，一些单位从政环境问题长期得不到解决，与单位党组织从政环境治理能力低下直接相关。单位从政环境治理能力能否提高，涉及单位党组织的领导能力、党建水平、管党治党责任担当等方面。如果单位党组织不从根本上加强与改善党的领导、不断提升党建水平、落实管党治党责任，要净化、优化公职人员单位从政环境是很难的。2020 年 2 月 26 日中共中央政治局常委会会议审议批准的《党委（党组）落实全面从严治党主体责任规定》中就党组（党委）加强对本单位（本系统）全面从严治党各项工作的领导提出了如下要求：在本单位（本系统）发挥把方向、管大局、保落实的领导作用；加强政治建设、思想建设、组织建设、作风建设、纪律建设、制度建设；勇于和善于结合本单位（本系统）实际，切实解决影响全面从严治党的突出问题。由此可见，要提高单位党组织公职人员从政环境治理能力，就必须要求单位党组织要加强党的领导、加强党的建设、落实管党治党责任。

为什么一些单位党组织党的领导弱化、党的建设缺失、全面从严治党不力的问题长期存在？这可以从思想意识层面来寻找问题的根源。如果单位党组织缺乏执政意识，就不会去主动加强和改善党的领导；如果单位党组织缺乏把单位当作中国共产党执政平台的意识，就不会重视单位党组织的自身建设；如果单位党组织缺乏党要管党治党的意识，就不会落实全面从严治党的责任；如果单位党组织没有自我净化的意识，就会对巡视整改产生消极态度，漠视问题丛生的从政环境。

在政治生态系统中，每个领导干部都是从政环境的一部分，他们发挥着特定的作用，领导干部如何，从政环境就如何。习近平借鉴古人的政治智慧指出："上有所好，下必甚焉。上有不好，下必效焉。各级都要带好头。"[①]正所谓："子帅以正，孰敢不正？"他从马克思主义执政党要有人格力量的角度，认为人格力量集中在我们党的优良作风。"中央政治局的同志要带头把党的优良作风继承下来、发扬下去，敏于行、慎于言，降虚火、求实效，实一点，再实一点。全党看着中央政治局，要求全党做到的，中央政治局首先要做到。"[②]营造良好的政治生态，严明吏治、严格管理是不可或缺的重要一环。当前一些地方与单位出现党的领导弱化、党的建设缺失、全面从严治党不力、管党治党宽松软等党内政治生态问题，与主要领导干部没有切实履行党组织赋予的职责，在其位不谋其政有直接关系。党的十八届六中全会公报中指出，党内监督没有禁区、没有例外。领导干部特别是主要领导干部是党内监督的重点对象。《党委（党组）落实全面从严治党主体责任规定》中要求，党委（党组）书记应当履行本地区本单位全面从严治党第一责任人职责；党委（党组）领导班子其他成员根据工作分工对职责范围内的全面从严治党工作负重要领导责任。

---

① 习近平：《在中央军委扩大会议上的讲话》（2012 年 12 月 26 日），参见中共中央纪律检查委员会、中共中央文献研究室编《习近平关于党风廉政建设和反腐败斗争论述摘编》，中央文献出版社、中国方正出版社 2015 年版，第 68 页。

② 习近平：《在第十八届中央纪律检查委员会第三次全体会议上的讲话》（2014 年 1 月 14 日），参见中共中央纪律检查委员会、中共中央文献研究室编《习近平关于党风廉政建设和反腐败斗争论述摘编》，中央文献出版社、中国方正出版社 2015 年版，第 78 页。

第七章
巡视背景下单位政治生态重构的制约因素及对策研究

政治生态恢复(Recovery)、政治生态修复(Rehabilitation)和政治生态重建(Restoration)是三个不同含义的概念。政治生态恢复是相对于已经退化、被损害或者被完全破坏的政治生态系统而言的。退化、损害、破坏都表示原本未受损伤的政治生态系统偏离了正常或期待状态。恢复的目标是政治生态系统的净化、优化,最终是要实现功能的恢复。以结果为导向的恢复行动是一种自然恢复,即自然发生过程,仅靠政治生态系统自然演替,无外界直接参与人为干预或辅助,因此,这一过程通常是缓慢的,而且很难对自身的结构与功能进行大幅度、根本性的调整。在当前某些地方、部门、单位政治生态退化、恶化的情况下,仅靠这些地方、部门、单位自身系统的力量,无法达到理想的自然恢复,需要借助外部力量的介入加速恢复过程。

政治生态修复的含义与政治生态恢复的不同之处在于,依靠的是外部力量的干预,即"修"的过程。当然,外在的修复过程一定要与政治生态系统自身的恢复过程相结合、相配合,才能完成遏制政治生态退化、促进政治生态净化的目标。巡视反馈与巡视整改,正是政治生态修复的必要环节。政治生态修复过程,可以加速政治生态转化进程,但是,由于采取一定方式的修复过程通常是短暂的、阶段性的介入过程,加之外部性特征,难以做到对政治生态系统全面、深入了解基础上进行有针对性的修复。政治生态重建(重构),不仅指去除各种政治污染或干扰,而是要达到整个系统的功能完整性,是要改善政治生态系统的结构和功能,促进其步入正常的演替发展轨迹。因此,政治生态重建(重构),一定是外部力量能够有效协助受损和退化政治生态系统恢复、改善的过程,是外部力量的有效干预与内部系统的主动作为有机结合的结果,不是单纯的政治生态恢复过程或单纯的政治生态修复过程。外部力量的有效干预,体现在充分利用自身理解把握正式规则及"体检式"监督能力,积极地发现偏离正常状态的问题状况、风险状况、治理状况,并找出其产生的根源;政治生态系统的主动作为,体现在单位党组织基于对自身使命与职责的认识与担当,充分利用对单位本身特点与问题的把握能力,自觉、主动地参与修复过程。

一、制约单位党组织主动整改的表现、原因及对策

单位政治生态的治理,必须要得到单位内部人的支持。从实际情况来看,政治生态的修复行为不一定能够得到被修复者的认同与配合,不是所有的单位党组织及党员领导干部对于上级党组织巡视采取主动作为的态度,有的表现为拒绝修复,有的表现为消极修复。

(一)制约单位党组织主动整改的表现

"拒绝修复"的表现是,少数问题单位党组织及党员领导干部,为了掩盖单位政治生态中存在的问题,凭借着"上有政策、下有对策"的所谓"政治智慧","搞变通""玩花样",采取欲盖弥彰式的遮丑,妄图逃脱党纪国法追究,对上级党组织的巡视采取干扰、对抗的行为,甚至对反映问题的干部群众进行打击、报复、陷害等等。具体案例,参见表 7-1。

"消极修复"的表现是,一些问题单位党组织及党员领导干部,对巡视整改态度消极,既没有明确整改责任、限期整改,也没有督察督办、推动问

表 7-1　2016 年 6—7 月中纪委集中通报挑战中央巡视的违纪行为

通报日期	被巡视单位负责人	对抗、干扰巡视情况	处分情况
2016 年 6 月 4 日	甘肃省原省委常委、副省长虞海燕	对抗组织审查，拉拢腐蚀纪检干部和巡视干部，打探巡视信息，干扰监督执纪工作。	开除党籍、开除公职。
2016 年 7 月 3 日	国务院国有资产监督管理委员会原党委副书记、副主任张喜武	打探巡视信息。	撤销党内职务，行政撤职，降为正局级非领导职务。
2016 年 7 月 4 日	福建省原省委副书记、省长苏树林（2007 年 6 月至 2011 年 3 月，苏树林曾担任中石化集团总经理、党组书记兼中国石油化工股份有限公司董事长）	打探巡视信息、对抗组织审查。	开除党籍、开除公职。
2016 年 7 月 5 日	中国人民保险集团股份有限公司原党委副书记、副董事长、总裁王银成	干扰巡视和审计工作，对抗组织审查。	开除党籍、开除公职。
2016 年 7 月 6 日	中国中化集团公司原党组成员、总经理，中石化集团原党组成员、中石化股份公司原高级副总裁蔡希有	干扰中央巡视工作，对抗组织审查。	开除党籍、开除公职。

题解决，更没有建立长效机制、巩固巡视成果。有的纪律意识淡薄，违反政治纪律，不落实巡视整改要求；有的落实巡视反馈问题整改要求不力，没有结合实际制定整改措施，敷衍整改、虚假整改；有的对巡视整改工作督促指导不够、审核把关不严；有的因巡视成果运用不到位又发生重大问题。

根据中纪委监察部网站公布的十九届中央巡视反馈意见，十九届中央第一轮巡视了 8 家央企，第三轮巡视了 42 家央企，被巡视的 50 家央企中有 49 家被发现针对十九大前中央巡视反馈意见的整改工作不到位。十九届中央第四轮巡视的 37 个中央和国家单位中有 15 个属于党政机关性质单位，其中 14 个单位党组织被发现针对十九大前中央巡视反馈意见的整改工作不到位；37 个中央和国家单位中有 10 个属于事业单位（5 个党中央直属事业单位、3 个国务院直属事业单位、2 个部委直属事业单位),其中 9 个单位党组织被发现针对十九大前中央巡视反馈意见的整改工作不到位;37 个中央和国家单位中有 12 个单位属于群团组织,全部被发现针对十九大前中央巡视反馈意见的整改工作不到位。

(二)制约单位党组织主动整改的原因

1. 再现率高的原因分析

K 市党政机关、市属事业单位、市属国有企业在中共十九大前存在的从政环境问题之所以在中共十九大后再现率高,从表面上看,是因为不少单位针对中共十九大前的巡视整改不彻底、不到位,导致十九大前存在的从政环境问题遗留到十九大后。但是,实际的情形要复杂得多。有的单位虽然一小部分从政环境问题解决了,但大部分从政环境问题未得到有效解决;有的单位虽然在十九大后的巡视反馈意见在措辞上相比十九大前有所缓和,但问题依然存在;有的单位虽然上一轮巡视涉及的问题解决了,但十九大后出现了花样翻新的形式,甚至问题出现了延伸、扩散、变异;有的单位虽然浅层次问题解决了,但是深层次问题又出现了;有些单位从政环境中的重点突出问题,长期未得到有效解决,与此伴生的一些从政环境问题也长期存在,这些从政环境问题之间已形成盘根错节的内在关联性。从深层次上分析,再现率高的根本还是因为这些单位党组织在加强党的领导、加强党的建设、落实全面从严治党责任的意识与能力长期未得到提高,导致治理绩效不明显。

2. 相似度高的原因分析

为什么 K 市党政机关与中央国家党政机关具有相似的从政环境状况?为什么市属事业单位与部属事业单位具有相似的从政环境状况?为什么市属国有企业与中管企业具有相似的从政环境状况?只有产生结果的原因具有相似性,才会导致相似的结果。同样类型的不同单位出现相似的从政环境状况,只能是因为具有相似的导致从政环境状况的原因。以下拟从这些单位在党的领导方面出现的带有共性的从政环境问题来加以说明。一方面,加强党的领导取决于对党的指导思想、党中央精神的学习、理解、研究水平。党委领导班子的学习、理解、研究的水平愈高，党委领导工作的水平才能愈高。学习、理解、研究的水平又取决于党委领导班子对自身执政岗位及全面领导作用的认识。如果没有执政意识、没有驾驭工作全局的观念，不可能把对党的指导思想、党中央精神的学习、理解上升到一定的高度；另一方面，加强党的领导取决于对党的指导思想、党中央精神的贯彻、实施、部署水平。党委领导班子的贯彻、实施、部署的水平愈高，党委领导工作的水平才能愈高。贯彻、实施、部署的水平又取决于党委领导班子自身的领导力、凝聚力与执行力。如果领导力不强、凝聚力不强、执行力不强，核心领导作用是不可能发挥好的。正因为这些单位在加强党的领导上存在上述两个方面的缺失，导致它们具有相似的问题。

3. 因果性强的原因分析

影响单位党组织管党治党能力的因素有许多，主要包括单位党组织对全面从严治党战略的认识、对上级党组织自上而下巡视监督的态度、单位党组织自身建设的状况、落实全面从严治党主体责任与监督责任以及"四责协同"的情况等。从上述分析的党政机关、事业单位、国有企业来看，相当一部分单位在巡视中被发现的问题、风险从十九大前延续到十九大后，有些问题、风险还产生了变异及蔓延，这些状况无不与一些单位党组织管党治党的能力与水平直接相关，具有很强的因果关联性。单位党组织对于从政环境治理的能力与水平直接影响到从政环境问题与风险的状况。决定因果关联性强的因素，主要是两个方面：一是前因后果的关联性强。从巡视反馈中可以发现，当单位从政环境治理能力长期得不到提升时，原有从政环境的问题状况与风险状况也很难从根本上改变；二是由果溯因的关联性强。当从政环境趋于恶化，问题与风险加剧时，只能说明该单位从政环境治理处于失控状态。

（三）制约单位党组织主动整改的对策分析

中共十九大后，巡视组的反馈意见中已经着重从加强党的领导、加强党的建设、落实全面从严治党责任方面指出了被巡视单位从政环境中存在的问题。整改对于被巡视单位而言，是对单位从政环境的重塑，是对单位组织环境与制度环境的变迁。作为单位政治生态的重构，当然需要单位党组织端正认识、态度，在加强党的领导、加强党的建设、落实全面从严治党责任方面主动作为，不断增强单位从政环境治理能力。当前单位从政环境治理的重点在于让单位党组织从这三个方面配合整改。当单位党组织不能自觉、主动配合整改的情况下，即当这种从政环境变迁不能由单位主体的自觉而正确的意识与行为来主导时，就需要借助执政党的权威以自上而下的强制力，以及借助社会大众自下而上的影响力，推动强制性变迁。从前几章的案例分析中可以发现，无论是中央层面、部委层面还是地方层面的巡视，都发现了相当多的单位未积极整改的现象。因此，从目前全面从严治党的态势分析，推动单位从政环境的强制性变迁是完全有必要的。为了深化政治巡视，进一步发挥巡视监督全面从严治党的利剑作用，针对"拒绝修复"、"消极修复"的现象，必须要通过强制性要求与措施，推动巡视及整改工作。

(1) 明确整改责任

被巡视党组织收到巡视组反馈意见后，应当认真整改落实，并要求在规定时间内将整改情况报告和主要负责人组织落实情况报告，报送巡视工作领导小组办公室。同时，从制度上明确被巡视党组织主要负责人为落实整改工作的第一责任人。中共十九大后，中央巡视组要求，对上次整改落实不到位和十九大后巡视新发现的问题要一体整改，决不能"新官不理旧账"。

(2) 明确违规情形

2017 年 7 月 10 日起施行的《中国共产党巡视工作条例》第三十七条详细规定了被巡视地区(单位)及其工作人员干扰巡视及拒绝整改、消极整改的具体情形：隐瞒不报或者故意向巡视组提供虚假情况的；拒绝或者不按照要求向巡视组提供相关文件材料的；指使、强令有关单位或者人员干扰、阻挠巡视工作，或者诬告、陷害他人的；无正当理由拒不纠正存在的问题或者不按照要求整改的；对反映问题的干部群众进行打击、报复、陷害的；其他干扰巡视工作的情形。

(3) 明确惩戒要求

被巡视地区(单位)及其工作人员有上述情形之一的，应当视情节轻重，对该地区（单位）领导班子主要负责人或者其他有关责任人员，给予批评教育、组织处理或者纪律处分；涉嫌犯罪的，移送司法机关依法处理。2018 年 10 月 1 日施行的《中国共产党纪律处分条例》，相对于旧条例，增加了“干扰巡视巡察工作或者不落实巡视巡察整改要求”的违反政治纪律的情形，即第五十五条：干扰巡视巡察工作或者不落实巡视巡察整改要求，情节较轻的，给予警告或者严重警告处分；情节较重的，给予撤销党内职务或者留党察看处分；情节严重的，给予开除党籍处分。

（4）明确公开要求

巡视进驻、反馈、整改等情况，应当以适当方式公开，接受党员、干部和人民群众监督。当前对巡视发现的问题该通报批评的要通报批评，不能只让少数主要领导干部知道，要让干部都知道，形成震慑；要让老百姓看到我们党解决自身问题的决心和能力，以实际行动取信于民。

二、制约巡视机构积极作为的表现、原因及对策

任何反腐败机构自身都存在着腐败的可能。在反腐败高压态势下，专业反腐败机构的公职人员要比平时更有可能受到腐败的诱惑或存在更多的以案谋私的机会，在缺乏有效的监管措施之下，反腐败机构本身可能会变成一个敲诈勒索和搞腐败的机构。如果巡视机构及其工作人员出现偏离规范的严重问题，单位从政环境治理的有效性都将会受到严重影响。

王岐山在中国共产党第十八届中央纪律检查委员会第五次全体会议上的工作报告中分析了制约纪检监察机构及其工作人员正当行为的一些因素。他指出：“纪检监察机关不是保险箱，纪检监察干部也不是生活在真空里，党员干部存在的问题，我们的队伍同样存在。有的领导干部因年届退休，被安排在纪检岗位，只想着平稳着陆；有的干部不敢担当，遇到问题绕着走，不想干、不作为；有的干部能力不足、作风漂浮虚躁，不去打听‘张家长、李家短’，监督缺失；有的派驻干部认为，与驻在部门领导班子一

座楼里办公、一个锅里吃饭，抹不开面子，对监督畏首畏尾；有的人办案不行，'抹案子'却很有办法。更为严重的是，有的人在问题线索清理、处置和查办案件过程中，严重违反政治纪律、组织纪律、工作纪律，擅做取舍、选择性办案，甚至胆大妄为，跑风漏气，办人情案、关系案、金钱案。这些人利用党和人民赋予的权力以案谋私，必须发现一起查处一起，决不姑息。"①2019 年全国谈话函询纪检监察干部 9 800 余人，组织处理 1.3 万人，处分 3 500 余人，涉嫌犯罪移送检察机关 150 人。② 巡视机构及其工作人员不是处在真空之中，其履职行为也会受到周围环境及自身因素的影响。巡视机构是发现腐败问题、治理政治生态的专职机构。它们能够正常发挥政治生态修复功能的前提：一是巡视机构及其工作人员能够以纯洁的巡视目的正确、规范地行使巡视权，不存在以权谋私的可能性；二是巡视机构及其工作人员掌握正确的政治生态修复方法。

（一）规范巡视权力的运行

在"党是领导一切的"体制之下，自上而下的巡视监督是修复已经退化、污化的单位政治生态的良策。赋予参与修复政治生态的巡视工作人员一定的职权，是完全必要的。2009 年 7 月施行的《中国共产党巡视工作条例（试行）》第三十一条规定，纪检机关、组织人事部门应当把巡视结果和巡视整改情况作为干部考核评价、选拔任用、奖励惩处和对干部进行调整、免职、降职等组织处理的重要依据。该条例经修订，于 2015 年 8 月施行的《中国共产党巡视工作条例》第三十条规定，派出巡视组的党组织及其组织部门应当把巡视结果作为干部考核评价、选拔任用的重要依据。由此可见，巡视组对单位的巡视结果对被巡视单位官员的仕途具有直接的影响。然而，任何没有受到有效制约的权力，必然会给以权谋私者可乘

① 新华社：《依法治国　依规治党　坚定不移推进党风廉政建设和反腐败斗争——王岐山在中国共产党第十八届中央纪律检查委员会第五次全体会议上的工作报告》，2015 年 1 月 29 日。

② 赵乐际：《坚持和完善党和国家监督体系　为全面建成小康社会提供坚强保障——在中国共产党第十九届中央纪律检查委员会第四次全体会议上的工作报告》，中央纪委国家监委网站，http://www.ccdi.gov.cn/special/sjj4cqh/yw_sjjzy4cqh/202002/t20200224_212151.html，发布日期为 2020 年 2 月 24 日。

之机。2017年4月17日，中纪委官网发布消息：中央巡视组原副部级巡视专员张化为涉嫌严重违纪，目前正接受组织审查。2017年8月2日，中央纪委对张化为严重违纪问题进行立案审查。2019年5月27日，北京市第二中级人民法院公开宣判中央巡视组原副部级巡视专员张化为受贿一案。经审理查明，“2006年至2014年，张化为利用担任中央纪委、中央组织部巡视组副部级巡视专员、中央巡视组副部级巡视专员、中央第一企业金融巡视组副组长等职务上的便利，为相关单位和个人在企业经营、房产销售、案件调查、职务提拔等事项上提供帮助，直接或者通过特定关系人收受他人给予的字画、金条、玉石、珠宝首饰等财物，共计折合人民币3 284.93万余元。”[①]张化为曾经参与中央巡视工作的轨迹追踪（部分），参见表7－2。

表7－2　中央巡视组原副部级巡视专员张化为曾经参与中央巡视工作的轨迹追踪（部分）

巡视时间	被巡视地方、部门、单位	时任职务
2013年6月至8月	中国人民大学	中央第十巡视组副组长
2013年11月至12月	湖南省	中央第十巡视组副组长
2014年3月至5月	辽宁省	中央第十一巡视组副组长
2014年7月至8月	国家体育总局	中央第十一巡视组组长
2014年11月至12月	中国华电集团有限公司	中央第十一巡视组组长
2015年2月至4月	中国国电集团有限公司	中央第十一巡视组组长
2015年2月至4月	中国大唐集团有限公司	中央第十一巡视组组长

2020年10月2日中央纪委国家监委网站发布消息，中央巡视组原副部级巡视专员董宏涉嫌严重违纪违法，接受中央纪委国家监委纪律审查和监察调查。

当前，《中国共产党巡视工作条例》从制度上对巡视工作人员提出了纪律要求以及赋予被巡视单位干部群众举报巡视工作人员违规行为的权利，这些制度设计在2009年版《中国共产党巡视工作条例（试行）》中就已

① 新华社：《中央巡视组原副部级巡视专员张化为受贿案一审宣判》，2019年5月27日。

存在，这对于防止拥有巡视监督权力的人以权谋私提供了必要的制度设计。张化为作为纪检监察机关的“害群之马”，其利用职权违纪犯法行为的时间跨度大，潜伏期长，严重破坏了党内监督在人民群众中的形象，对政治生态治理造成了负面影响。这一典型案例说明，不是只要有了一些制度设计就一定能够吓退别有用心者，就一定能够对权力形成有效制约的。愈是重要的权力，愈是需要严密的制度来加以制约。尽管这个案例不是巡视队伍中的普遍现象，但是不能因为是个案，就不去反思制度、查找疏漏，不去完善党内法规。谁来监督掌握监督权利的人，即谁来监督巡视组、谁来监督纪委的问题，必须得到切实解决。2017 年 1 月中央纪委印发《中国共产党纪律检查机关监督执纪工作规则（试行）》，两年后发布机关从中央纪委上升为党中央，2019 年 1 月由中共中央办公厅印发了《中国共产党纪律检查机关监督执纪工作规则》，在中央党内法规层面以更高的标准、更严的纪律要求纪检监察干部。监督别人的人首先要监管好自己，执纪者首先要做遵守纪律的标杆。

（二）选择政治生态修复的正确方法

巡视工作能否发挥出修复政治生态、净化从政环境的作用，还取决于巡视组能否掌握正确的方法，一方面，精准监测到公职人员从政环境受到污染的领域存在的问题及风险；另一方面，以有效的方式方法促使被巡视单位按照一定的要求进行整改。

（1）确立问题导向

习近平总书记指出，“要以问题为导向，派出‘侦察兵’，哪里反映声音大、问题多，就派到哪里去侦察，就像公安系统的 110、路面巡警制度，要在创新机制上下功夫”。[①] 选择党委、政府关注和社会反映强烈、问题突出的单位以及拥有人财物管理权、支配权的单位，优先巡视。只有带着问题去，盯着线索查，才能使有问题的人无处藏身。习近平总书记强调了四

---

① 习近平：《在中央政治局常委会听取 2013 年下半年中央巡视组巡视情况汇报时的讲话》（2014 年 1 月 23 日），参见中共中央纪律检查委员会、中共中央文献研究室编《习近平关于党风廉政建设和反腐败斗争论述摘编》，中央文献出版社、中国方正出版社 2015 年版，第 113 页。

个“着力发现”，即“要着力发现是否存在形式主义、官僚主义、享乐主义和奢靡之风等违反中央八项规定的问题，着力发现领导干部是否存在权钱交易、以权谋私、贪污贿赂、腐化堕落等违纪违法问题，着力发现领导干部是否公开发表违背中央决定的言论、散发违背党的理论和路线方针政策的意见、搞‘上有政策、下有对策’等违反政治纪律的问题，着力发现是否存在买官卖官、拉票贿选、突击提拔干部等选人用人上的不正之风和腐败行为”。① 2014年习近平总书记在听取中央巡视工作领导小组有关巡视情况汇报的基础上指出：“对巡视发现的问题，要抓住重点。对群众反映强烈的党员领导干部，党的十八大以后不收手，为所欲为、自鸣得意的，还有现在重要岗位、可能进一步提拔重用的年轻干部等干部问题线索，要重点查处。”②

(2) 实现党内监督与群众监督的有机结合

巡视是中国特色的民主监督形式，是党内监督与群众监督的有机结合。依靠人民群众是开展巡视的基本工作方法。“截至十八届中央第11轮巡视，已经实现对31个省区市和新疆生产建设兵团、中央和国家机关、中管国有重要骨干企业和中央金融机构全覆盖，其中仅巡视中央和国家机关就累计受理信访16万多件次，与干部群众谈话1.8万多人次。”③当前带着问题去巡视，要广泛听取意见，多到领导干部曾经担任过重要职务的地区和部门延伸了解情况，做到关口前移，拓宽发现问题的视野；对实名举报反映重要问题的要及时约谈，掌握第一手材料；要运用互联网、微信、微博等信息技术手段，拓宽发现问题的渠道，及时掌握群众关心的突出问题、党内存在的苗头性问题和社会关注的热点问题。除了密切联系

① 习近平：《在中央政治局常委会审议〈关于中央巡视工作小组第一次会议研究部署巡视工作情况的报告〉时的讲话》(2013年4月25日)，参见中共中央纪律检查委员会、中共中央文献研究室编《习近平关于党风廉政建设和反腐败斗争论述摘编》，中央文献出版社、中国方正出版社2015年版，第107—108页。

② 习近平：《在中央政治局常委会听取中央巡视工作领导小组2014年中央巡视组首轮巡视情况汇报时的讲话》(2014年6月26日)，参见中共中央纪律检查委员会、中共中央文献研究室编《习近平关于党风廉政建设和反腐败斗争论述摘编》，中央文献出版社、中国方正出版社2015年版，第115页。

③ 中纪委：《推动巡视向纵深发展》，中央纪委国家监委网站，http://www.ccdi.gov.cn/xsjw/series24/201703/t20170306_95092.html，发布时间为2017年3月6日。

群众的基本工作方法之后，还有其他一些方法。例如，巡视前，巡视组可将相关单位的经济审计报告进行仔细分析，逐一列表，巡视时，看是否已经整改，看整改效果如何，看老病是否重犯；要对照各单位党的群众路线教育实践活动整改总结和督导报告，一一查找问题，看看是真整改还是假整改；既见树木、又见森林，要研究被巡视对象的历史文化和干部队伍状况，见微知著、由表及里，发现共性问题。

(3) 加强巡视工作的针对性、灵活性、有效性

为了在全覆盖基础上加强巡视工作的针对性、灵活性、有效性，可以针对某个省区市、部门或单位的突出问题，也可以针对某个干部的突出问题下去巡视。要与各有关方面加强协作，掌握问题线索，定点清除、精确打击。在常规巡视基础上，开展专项巡视，专项巡视的特点在于“专”，要求目标清晰、机动灵活，精准发现、定点突破，针对一件事、一个人、一个下属单位、一个工程项目、一笔专项经费开展巡视。在2013年常规巡视的基础上，2014年首次推出专项巡视。

中央巡视组有时针对特定单位进一步创新方式方法，开展为期一个月左右的“机动式”巡视，“机动式”巡视人员少、时间短、节奏快，发挥“小队伍、短平快、游动哨”的灵活优势，既要强化统筹，形成合力，也要简化程序，提高效率，还要注意优化方式，增强突破力，做到精准聚焦、精准发力、精准运用巡视成果。

为了加大巡视对腐败分子的震慑力，促使其不敢腐，要加强“回头看”，巡视过的地方不是一巡视完了就了事。只有出其不意，杀个“回马枪”，才能让心存侥幸之人感到震慑常在。2016年起，中央巡视组推出了巡视“回头看”，先后对16个省区市杀了“回马枪”，占31个省区市和新疆生产建设兵团总量的一半，不仅检查上轮巡视发现的问题是否整改到位，还查找新的问题线索，起到强烈震慑作用。

(4) 将巡视成果转化为整改实践

习近平总书记指出：“向被巡视地区、单位反馈时，要直指问题，一五一十把问题抖搂出来，根本不要搞任何遮掩，责成其认真整改。这样巡视才能有权威、有威力，才能有这么多举报信息。如果我们对群众举报没有

回应，没有按从严治党的要求去做，群众的期待就会挫伤。”[①]对发现的问题，要分类处理，涉及一般性问题的，要通过反馈、谈话、教育、警示、诫勉，咬咬耳朵，扯扯袖子，抓早抓小。凡是涉及腐败问题的，决不姑息，一查到底；对领导干部涉嫌违纪的线索和作风方面的突出问题，移交有关纪律检查机关；对执行民主集中制、干部选拔任用等方面存在的问题，移交有关组织部门；其他问题移交相关单位。要把握节奏，分清轻重缓急，但都要纠正处置，件件都要有着落。[②] 对巡视发现的重点问题，不仅要严肃处理、下大力解决，更要从体制机制、监督管理上查找原因，提出改进意见建议，倒逼整改，发挥巡视治本的作用，做到巡视效果最大化。

中共十九大后，不少被巡视单位的巡视反馈意见中都不同程度地涉及党的领导、党的建设、落实全面从严治党责任三个方面的问题。只有单位党组织积极主动按巡视反馈意见进行整改，加强党的领导、加强党的建设、落实管党治党责任，才能切实提高单位党组织的从政环境治理能力，同时，实现公职人员从政环境的强制性变迁，真正发挥出巡视的治本功能。

① 习近平：《在中央政治局常委会听取中央巡视工作领导小组2014年中央巡视组首轮巡视情况汇报时的讲话》(2014年6月26日)，参见中共中央纪律检查委员会、中共中央文献研究室编《习近平关于党风廉政建设和反腐败斗争论述摘编》，中央文献出版社、中国方正出版社2015年版，第114页。

② 习近平：《在中央政治局常委会听取2013年下半年中央巡视组巡视情况汇报时的讲话》(2014年1月23日)，参见中共中央纪律检查委员会、中共中央文献研究室编《习近平关于党风廉政建设和反腐败斗争论述摘编》，中央文献出版社、中国方正出版社2015年版，第111页。

参考文献

一、文献资料

《列宁选集》第 4 卷,人民出版社 1995 年版。

《列宁专题文集·论无产阶级政党》,人民出版社 2009 年版。

《毛泽东选集》第 4 卷,人民出版社 1991 年版。

《毛泽东文集》第 6 卷,人民出版社 1999 年版。

《毛泽东文集》第 7 卷,人民出版社 1999 年版。

《毛泽东文集》第 8 卷,人民出版社 1999 年版。

《邓小平文选》第 1 卷,人民出版社 1994 年版。

《邓小平文选》第 2 卷,人民出版社 1994 年版。

《邓小平文选》第 3 卷,人民出版社 1993 年版。

《李维汉选集》,人民出版社 1987 年版。

《江泽民文选》第 3 卷,人民出版社 2006 年版。

《习近平谈治国理政》,外文出版社 2014 年版。

《习近平谈治国理政》第 2 卷,外文出版社 2017 年版。

《习近平谈治国理政》第 3 卷,外文出版社 2020 年版。

习近平:《论坚持党对一切工作的领导》,中央文献出版社 2019 年版。

中共中央纪律检查委员会、中共中央文献研究室:《习近平关于党风廉政建设和反腐败斗争论述摘编》,中央文献出版社、中国方正出版社 2015 年版。

中共中央纪律检查委员会、中共中央文献研究室:《习近平关于严明党的纪律和规矩论述摘编》,中央文献出版社、中国方正出版社 2016 年版。

中共中央文献研究室编:《习近平关于全面从严治党论述摘编》,中央文献出版社 2016 年版。

中共中央办公厅法规局编:《中国共产党党内法规选编(2012—2017)》,法律出版社 2019 年版。

中共中央文献研究室：《十二大以来重要文献选编》(上)，人民出版社 1986 年版。

中共中央文献研究室：《十八大以来重要文献选编》(上)，中央文献出版社 2014 年版。

中央纪委办公厅、中央纪委研究室编：《党的十四大以来中共中央纪律检查委员会历次全会工作报告汇编》，中国方正出版社 2015 年版。

《〈中国共产党巡视工作条例〉释义》编写组：《〈中国共产党巡视工作条例〉释义》，中国方正出版社 2017 年版。

二、学术资料

陈正云、李翔、陈鹏展：《〈联合国反腐败公约〉：全球反腐败的法律基石》，中国民主法制出版社 2006 年版。

红旗东方编辑部：《营造良好政治生态大家谈》，红旗出版社 2015 年版。

谢春涛主编：《中国共产党如何治党?》，新世界出版社 2017 年版。

过勇：《中国国家廉政体系研究》，中国方正出版社 2007 年版。

过勇、宋伟：《腐败测量》，清华大学出版社 2015 年版。

俞可平主编：《国家治理评估——中国与世界》，中央编译出版社 2009 年版。

李汉林：《中国单位社会：议论、思考与研究》，中国社会科学出版社 2014 年版。

石磊：《单位犯罪适用》，中国人民公安大学出版社 2012 年版。

本书编写组：《国有企业人员廉洁从业实用手册》，中国方正出版社 2018 年版。

本书编写组：《国有企业反腐警示录》，中国方正出版社 2017 年版。

本书编写组：《监督执纪"四种形态"40 问》，中国方正出版社 2019 版。

本书编写组：《监督执纪"四种形态"典型案例剖析》，中国方正出版社 2019 版。

袁峰：《当前中国的腐败治理机制：健全反腐败惩戒、防范和保障机制研究》，学林出版社 2015 年版。

袁峰：《震慑・抑制・净化：中国反腐新常态研究》，学林出版社 2017 年版。

[新西兰] 杰瑞米・波普：《制约腐败——建构国家廉政体系》，清华大学公共管理学院廉政研究室译，中国方正出版社 2003 年版。

[俄] 哈布里耶娃主编：《腐败：性质、表现与应对》，李铁军等译，法律出版社 2015 年版。

[俄] 萨塔罗夫主编：《反腐败政策》，郭家申译，社会科学文献出版社 2011 年版。

三、网站及数据库资料

中央纪委国家监委网站：巡视巡察专栏，http://www.ccdi.gov.cn/

教育部网站：巡视办专栏，http://www.moe.gov.cn/s78/A28/

中国共产党新闻网：http://cpc.people.com.cn/
中共中央文献研究室网：http://www.wxyjs.org.cn/
中国共产党历史网：http://www.zgdsw.org.cn/
中国人大网：http://www.npc.gov.cn/
中国政府网：http://www.gov.cn/
中国政协网：http://www.cppcc.gov.cn/
最高人民检察院网站：http://www.spp.gov.cn/
国务院新闻办：http://www.scio.gov.cn/
审计署：http://www.audit.gov.cn/
新华网：http://www.xinhua.org/
人民网：http://www.people.com.cn/
透明国际网站：http://www.transparency.org/
人民出版社："中国共产党思想理论资源数据库"

后　记

国内外有关公职人员从政行为及从政环境的研究成果颇多，但是，立足于中国特色的单位组织，依据中国特色的党内巡视反馈意见，来研究这一主题的成果并不多见。

本书形成了巡视背景下考察公职人员单位从政环境治理能力的独特研究路径，体现在：（一）再现性分析。通过观察某一家单位在中共十九大前巡视反馈意见中指出的问题是否在十九大后巡视反馈意见中再现，从纵向比较中来判断该单位政治生态治理的变化；（二）相似性分析。通过观察某一家单位与同性质其他单位在十九大后巡视反馈意见反映出的问题是否具有相似性，从横向比较中来判断该单位政治生态治理的水平；（三）因果性分析。通过观察某一家单位在十九大前后单位从政环境治理能力与单位从政环境问题之间的关系是否具有因果关联，分析单位从政环境治理能力强弱对于净化政治生态的影响。这不仅拓展了巡视研究的视野，而且通过这样的研究路径得出的分析结论，与实际的情形是相符的，证明研究路径是可行的、有效的。通过项目的实证研究，验证了习近平总书记关于政治生态治理一系列重要论述的正确性。例如，“从严治党是全党的共同任务，需要大气候，也需要小气候。各级党组织要主动思考、主动作为，通过营造良好小气候促进大气候进一步形成”；“解决政治生态中出现的问题绝非一朝一夕之功”；“政治生态同自然生态一样，稍不注意就容易受到污染，一旦出现问题再想恢复就要付出很大代价”，等等。

通过研究，笔者认为，中国的腐败现象及不正之风起源于一个个具体的单位（本书中所指的单位，是指社会主义全民所有制性质的机关、团体、企业或属于一个机关、团体、企业等的各个部门），单位应当成为预防政治生态污染的“第一道防线”。当单位政治系统在党的领导、党的建设、全面从严治党方面出现功能减弱或丧失时，单位政治生态是退化的。单位党组织的领导能力、党建水平、管党治党责任担当是提高单位从政环境治理能力的关键。

本书以已经正式公布的中共H市委巡视组的巡视反馈意见及被巡视单位巡视整改报告为依据。公开的内容是高度概括的，它当然不会是巡视反馈的完整版本。本书同样不涉及未正式公布的巡视反馈情况。本课题不同于一般的调研性课题，研究者个人并不具备对党政机关及国有企事业单位政治生态深入调研的资格及条件；从H市纪委网站上搜索到的单位巡视及整改信息情况来看，能满足在中共十九大前后经历过两次巡视且两次巡视反馈意见与单位整改报告都已公开的单位，是非常少的，这些限制性条件给课题研究带来了一些不利因素。我们相信，随着全面从严治党战略的深入推进，反映中国共产党自我革命生动实践的信息将会愈来愈多被外界所了解，有关党内监督以及反映党内政治生态变化的研究成果将会呈现新的境界与水平。

本书呈现的研究成果是以2017年上海市哲学社会科学规划课题“巡视背景下公职人员单位从政环境治理研究”为基础的，本书的出版得到了上海市一流研究生教育引领计划（卓越党建人才培养引领计划）的资助。

袁　峰

2021年5月